環遊路線圖

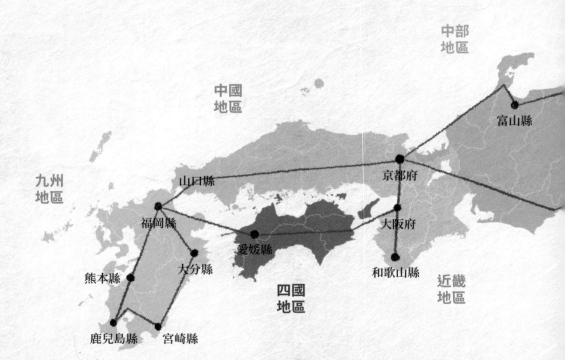

中部
地區

中國
地區

富山縣

九州
地區

山口縣

福岡縣

京都府

大阪府

熊本縣

大分縣

愛媛縣

和歌山縣

近畿
地區

鹿兒島縣

宮崎縣

四國
地區

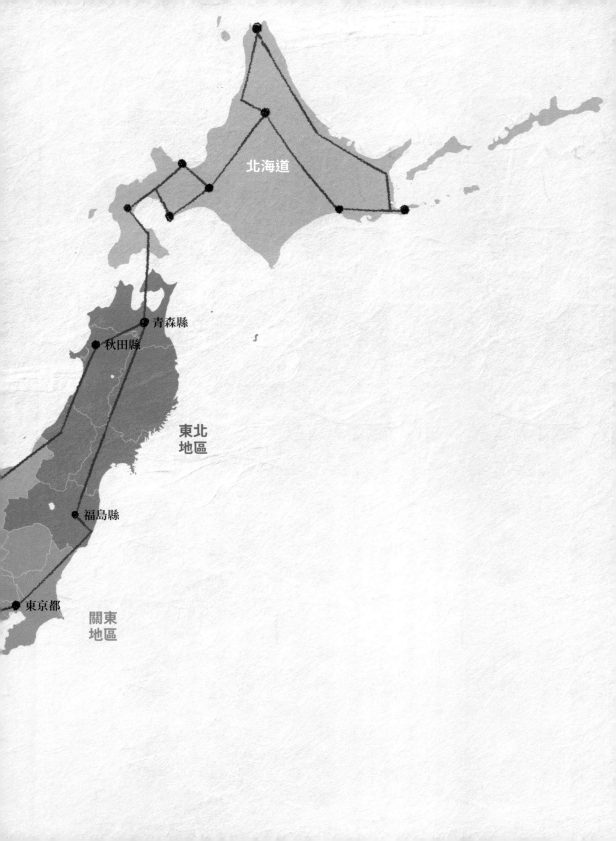

北海道

青森縣

秋田縣

東北
地區

福島縣

東京都

關東
地區

日本一周

尤文瀚

旅途、沉思，重返心靈的真與純

財團法人罕見疾病基金會董事長・中華民國人類遺傳學會理事長・
馬偕紀念醫院罕見疾病中心主任　**林炫沛**

　　如果，旅行不只是為了遊玩而出門，那我出遠門的經驗可算是夠豐富的了。然而細讀《日本一周》一書卻大大拓展了我的視野，興起了不少的感觸。「對文瀚而言，大自然的奇景妙色，比不上人文的歷史故事，也比不上多元民族的風俗。」書中在在突顯的，不是打卡美食、不是朝聖美景，而是交織著汗水與淚水的體會與生活，那才是真真實實的走過。

　　生存的運與轉，往往讓我們在不知不覺間磨耗了對生活的感受，失去了安定的本我，逐漸看不到自己的美好。身懷罕病VHL*，體能時好時壞也逐漸退化的文瀚，精采體現的旅程告訴我一件最重要的事情，就是用心當眼睛，看見他人生活的世界，對所有的遇見都心懷感謝，尊重天地、尊重旅地的居民與當地的風俗，尊重所遇到的旅行者，從而也得到了他們的尊重。

　　我始終相信人與旅行之間的關係，在地理風情、在離開或返回的舟車行腳之外，還有著既複雜又個人的喜怒哀樂，以及衍生的諸多感受。在一次又一次的旅行過後，感覺到自己與波瀾無驚的平常生活竟有著一種天長地久的誠懇相守，一種糟糠生活也絕不相棄的真情。或許，我們一再出門旅行，就是為了尋找這樣的深刻體驗。

　　對一個地理上的旅者來說，不是每一個地方都有重返的機會，也不是重返一地就能保有當時遊歷的感懷與心境；而生命旅途逕自向前行，除了記憶之外，更沒有逆旅重來的可能。我似乎愈來愈懂得，為什麼千百年

---

*VHL (Von Hippel-Landau Syndrome) 中譯「逢希伯-林道症候群」，是一種因為功能屬性為腫瘤抑制基因的「VHL基因」變異，所導致的罕見疾病，會造成身體各處血管異常增生，並伴隨多重器官產生腫瘤而危害病人的健康。

來，人們總喜歡把人生與旅途用來彼此譬喻。

　　文瀚寫遊記，同時也不斷觀想自我，一方面觀賞他鄉異國的風俗民情，一方面觀照內心的情緒風景。因為一直不斷地思索體驗並回顧自己的生命情境，毫不掩飾行旅當中的疲憊、軟弱與憂鬱，他獨闖天涯，踏實走過的日子，別有滋味，以致所到之處無論是多麼遙遠的異鄉或荒野，總能帶領我們回返最起初、最純真，一直屬於自己的心靈故鄉。

　　在放逐之境，找回澄明的自己。以為走遍世界，其實不過是為了找到回歸內心的路，您是否還在掙扎無法說走就走？開啟心眼才能看見最真實的景致，文瀚發自內心送給我們這份最療癒的心靈禮物，請您一定不要錯過！

長路

　　起初，旅行僅能算是個人留下的一段歲月痕跡，在那些步伐凌亂的足印裡，有人透過圖像呈現，有人琢磨於變化氣質；而我，不過是在漫長的探索過程中，寫下一點點屬於自己的文字紀錄。在洋畔、處高原、佇大漠、藏幽林，當我的雙足踏入自然的意象裡，內心盈滿的墨水，無須刻意琢磨便源源湧現，最後，順其自然化作當下呈現書面的文字基底。

　　在遠方流浪，留於我心底至深的印象，總是來自於「人」。每一次隱藏於彼此間交流的坦率真誠，讓我的精神世界再次轉向單純的回歸，那些憤怒、抵抗、偏激、惶惑，很多時候唯有在離開之際，才能獲得短暫的抒解。

　　這是一個奇怪的事實吧？我的內心既能隨處感受到人性的燦爛光明，有時也覺察一些令人深惡痛絕的東西。我似乎刻意選擇與人保持距離，那使自己更擅長以觀察者的姿態，客觀體會周遭的一切發生。在人們彼此「被迫」維持過分親密的社會關係裡，旅行成為出逃一個很好的藉口；雖然，往往不免得經常尋找一些冠冕堂皇的理由，才能賦予事件本身一點崇高的意義，但我想在每趟旅程出發以前，初衷並不為別的，而是因為「路，就在那裡！」

　　這一趟環日本騎行，相比先前的遊歷經驗，內心幾乎不再綑縛沉重的積澱。我不試圖預設任何期待與回報，也並不將生活作以想像的投射，更多是純然讓自己置身其中去感受；感受大地、感受風，感受這個令我深深著迷的世界的模樣。如果真要談論起，整趟旅程是否產生一些嚴格意義的收穫，我想藉由這種苦行般的日子，再次推進自己對孤獨的深沉理解。結果或許令人絕望，但我的意志卻在黑暗裡，得到一種解放與慰藉。雖然在後半段旅程，我的身體與精神皆承受著來自獨處的極大痛苦，最終卻也獲得生命裡最為美好的東西——日本的家人。她們所給予世上深沉的愛，

軟化我內心的憤怒，倘若旅途能夠帶來分毫榮耀，我希望化作詩人的欲望呈獻給她們，並且奉上一顆我熾熱的心。

　　每個靈魂均有其各自的世界，對不同的靈魂而言，則無異是另外一個世界。這就是我現在所要走的路了，而你們的路，在哪裡呢？

◆ Contents ◆

第一章

關東

Tokyo shi → Shiroishi shi
73 hrs / 352 km

飛機輕緩滑落在成田機場的跑道上，艙室顛簸起伏，微微顫動，因而喚醒座椅間游移的遲夢。左右騰挪調整身子，伸手解開緊緊腰間的安全帶，稍稍側傾眺望窗外，念頭一瞬湧入心底綻延。旅行，由此時此刻的意義上展開了嗎？為何感覺如此地魔幻而虛實？

轉身和鄰座的子杰相覷，他是這趟旅程裡唯一的夥伴，我們商量好他會參與由東京到札幌的行程。在北大就讀研究所期間，我對他的印象，是個性格上有幾分特異的同學，例如，待人處事總是過分客氣，讓人產生深深的距離感；除此以外，我們對於彼此似乎談不上多少認識。約莫半年前晚春，在學校宿舍廊道裡碰頭的幾句寒暄，才促成這段無約而定的旅程。

從三月份口頭允諾，至八月份正式啟程，期間我忙於準備學校畢業相關事宜，帶有對於未來的茫然，還有第一本新書《夢想，在路上》的宣傳工作；期間，我經歷外婆的驟逝，或許那讓行前對生死問題，再度增添一分親身經歷的感慨。

我們關於旅行的具體規劃，實際上並沒有多少討論；甚至，只透過微信裡兩條往來訊息「你確定要一起去日本」以及他簡短的回應「是的」，便成為最終訂下兩張由台北飛往東京單程機票的依據。其實，不光是對他的那番粗淺認識，我明白自己也算性格古怪之人，尤其碰上與別人一同旅行這件事情，始終無法很好地拿捏適應；無論對象是長輩、朋友，或者情人，這大概是一種奇怪的嗜癖。

對旅行的進行方式與呈現，內心有著莫名強烈的主觀意志與執著。除了冀求感受多元生活、充分體現冒險精神，尤其著重的一點要素，必須帶著問題意識及思考投入。因此，尋遇一個精神得以相互契合的旅伴，更需要一種「機緣」的作用。

至於為何在這趟旅程裡，最終接受另名同伴的入夥，我想除了對方具備自己所沒有的語言能力以外，更多是所謂「機緣」背後的驅動吧。深以為某些人、某些事，在特定時刻參與我生命裡的一段歷程，這應當無須憑藉任何理由；倘若某些人注定離去，順其自然地接受必然性發生，也不

過是成長過程中的離散作用。標幟一個人的成熟或幼稚、沉練或輕浮，似乎就在坦然接受這種人際關係的常態分合。

起程

　　盛夏的東京，氣候舒爽乾燥，透露出幾分都會的紳士氣質。隨著跨出機艙的步伐，右手拽拉著深黑色帆布行李箱，輪跡劃開生存壓迫的都市法則，我想總有那麼一點空間，是足以讓人真正去嘗試除了「生存」以外的「生活」，僅僅為著自己的意志而活。

　　走過密閉的空橋廊道，沉甸甸的行李仍然與現實裡的厚重連結，十七吋行李拉箱裡，填載了未來三個多月旅程中，維持極簡生活的基本工具。一頂帳篷、一只睡袋、一組鍋具及幾套衣物，幾乎全是三年前徒步內蒙古沙漠時所添置的。至今，雖然多半略顯陳舊，卻也未曾動過汰換的念頭。或者，自己終究屬於念舊之人，裝備使用陪伴的時間長了，總覺或多或少也注入一點自己的靈魂牽絆。而攜帶它們四處流浪，一幕幕景象便要於腦海裡躍現；是大漠高掛的滿斗星空，是雪山腳底的荒曠戈壁，或者草原倉疾奔騰的野馬，深以為所謂生活體驗之說，至多不過是乞求這種樸實而渾然的記憶吧。

　　清晨航班離開台灣，進入東京市區已經接近中午。而出發前在日本亞馬遜上訂購的兩輛自行車，因為與物流公司在溝通上產生落差，使我們多出幾天東京漫遊的閒暇時光。不過，那也算替兩人在正式啟程前，為彼此創造一段磨合契機。由於行前預算拮据，注定讓這趟旅程增添不少額外的「技術」含量。譬如，占有整趟旅行計畫三分之一的野外露營比例、每日採購食材進行野炊工作等等。出於經濟因素考量，不僅拓展個人多層面的能力，也期待在開銷上能產生最大效益。日本騎行之旅，似乎因此沾染上一股流浪者的氣息。

　　等待自行車送達的幾天時間，我們儼然以兩名觀光客的姿態，鎮日徘徊在神保町、築地、上野……等市區街道。東京，做為一座世界級都會

城市，擁有相應的便利與繁華，卻也有著渾厚的書卷氛圍。其中維繫那份氣質背後，大概正因為存有世界最大書街「神保町」的連結，讓東京的現代化城市發展，產生文化引導的滋養作用。當科技發展衝擊著技術層面的轉變，而部分傳統形式依然維護著精神的載體，於精神文明意義上，日本文化存藏於文字與書籍裡，更有一種疊層堆藏的扎實。

　　抵達東京的第三天晚上，我們思索著該如何磨耗漫長的白日時光；走過一間又一間超級市場，逐一進行物價調查比對，成為等待日子裡的唯一樂趣。不知從何時起，由我擔任「廚師」一職成為彼此的默契；在東京青年旅舍裡，親歷嘗試幾次亂燉料理以後，他對我的烹調水平似乎也展露十足信心。而我對於能夠親自料理食材，每每總感覺是人類對待食物，所能展現出崇敬自然的最高敬意。

　　一年多前旅行蒙古，草原生活使我更加深刻體會，食物乃上天寬量的恩惠賜予。生活北方的草原民族，無論狩獵或者游牧，一切生活資源僅憑個人力量從自然界獲取。那種維持小我生命的延續方式，是建立在對他者萬物的生命汲取，當享用如此生命供養同時，內心又怎能不滿懷感激之情？

　　反觀現代化生活中，日常的資源獲取似乎過分簡易，食物、飲水、能源……倘若失去這般「努力」的過程，人們的認識不過僅僅眼見為憑。躺在冷藏櫃裡冰冷的牛、豬、羊；擺盤售架上的蔥、薑、蒜。食物失去蓬勃的生命活力、食材與人之間沒有經驗連結，取用者如何去感受自然的靈魂？

　　晚飯以後，我們往往展開城市漫步。由上野公園走到梅島，沿昭和通步行至荒川畔，我忍不住詢問子杰，究竟為何想參與這趟旅行？

　　「我感覺沒有經歷一段對方的人生，似乎便稱不上朋友。」他淡淡地順口而出，我卻為這個答案頗感意外。雖然對於彼此尚且不甚熟悉，但了解他是個內心極其敏感之人，我以為在情緒的表露上應當更為思慮含蓄。

　　川畔河風，正面迎來些許夏夜的涼意。我思索著如何回應，同時想反駁認為友情需要刻意經營的理由；或者，對於這件事情本身，自己算是

（上）我與子杰。
（下）神保町書店街。

徹底的唯心主義者，倘若是已經藉由想法上認定的朋友，便應該呈現一種純然的單向關係。

「生活無須依靠繁縟的儀式維繫。」我說。感覺在他內心世界裡，充斥著過多不必要的束縛，而那些由儀式感帶來的拘束，綑綁著由內朝外精神自由的體現。從某些角度來說，他遵循的西方哲學教育，與我所受的東方哲學訓練，於彼此生活中都表露出各自的企圖。邏輯、辯證、體悟、自然，我們兩者思維模式存在不可調和的邊界，而我所想破除的，恰是這樣一種思想的局限性。

短暫交談以後，主題再度回歸彼此對旅行的期待。他希望藉由這次經歷，獲得性格裡所欠缺的「果敢」特質；而我，似乎很少再對未來抱持預期收穫的心理。並非沒有期待，而是我明白任何一趟全新旅程，最終必然存在僅屬於自己的蘊含關係。或隱或顯、或深或淺，總會在將來的某一天裡，讓人全然明白那些經歷隱含的意義。

我們繼續沿著荒川步行，由河岸堤道一路向西前進數里。河堤下水勢柔緩流淌，一股寧靜滑入雙眸的海洋。

露天澡堂

第五天上午，九點鐘由民宿所在地南千住出發。原以為散落的行李物件，將會使綑綁工作顯得格外困難，沒想到在兩人分工協作之下，反倒成了一樁易事。不過，自行車駄載行李以後，人若想騎乘上去，總教人膽戰心驚。以淑女車的姿態環遊日本，計畫似乎既天真又可笑，但因其中伴隨幾分「荒誕」成分，讓旅程添染一絲純然的惡趣。

東京的街道繁雜錯綜，使我們甫一上路，便耗費許多精力於導航尋路。第一天起程，兩人亢奮之情毫無掩蔽，最直接反應在騎行的距離上。當時，我們對每天必須的行駛里程完全沒有認知，行前於體能上亦無進行特別訓練。出發前透過谷歌衛星地圖進行測量，僅知道環日本一周約莫九千公里，倘若想以九十天時間走完全程，每日的騎行分配大約

是一百公里。

　　關於旅行計畫，似乎談不出更多的縝密細節，雖然給人一種魯莽而輕率的想法，我倒以為那是毫無局限的開放空間。自己始終慶幸能遇到像子杰這樣的夥伴，他對我的規劃及經驗，總是表現出充分信任，哪怕往往由我這裡所獲得的回應，多半都是「我不知道」、「沒有計畫」、「走了再說」，但依然不影響兩人環遊日本的決心。

　　緩緩駛離東京市區，道路漸漸變得遼廣而單純，國道六號坡道綿延起伏，一路朝向東北而去。我們於出發前達成一項默契，每天的行駛距離按照體力決定，而每天的目標又是依照心情決定。因此，當身後傳出關於目的地的詢問時，我便隨口回了一句：「就以駛出東京時，路牌上距離顯示最遠的『水戶』做為目標吧！」

　　或許出於青春的執傲，又或者一股蠻幹的傻勁，一天之中晨曦與落日，就在未曾停歇的兩個輪子裡度過。十二個鐘頭、一百二十公里，送走東京的紙醉繁華，迎來「水戶」疏生的黑夜。夏季裡白日豔陽，與渾身滋盛的汗水交融，裡頭滲有防晒霜濃密的綿綢。最終，我們選擇在市區裡的逆川綠地公園紮營，我想找個地方洗淨身上的黏膩，而他卻形容這是一種過分猖狂的勇氣。

　　深夜公園裡透涼的泉水，從頭至腳，暢快淋漓。那於我而言也是頭一次嘗試，嘗試在公園內露天裸浴。姑且無論有礙觀瞻，或者妨害風化的顧慮，做為一次特殊經歷，這給人彷彿重歸自然的感覺，回到動物野性的本能。一面刷牙、一面淋浴，我轉過身子，想邀請子杰一同參與這場身心愉悅的回歸，而他卻毫不猶豫地斷然拒絕。也許，是暫且擺脫不了人身上的社會性質，或是無法褪去服裝的蔽裝，其實，自由自在便是最純然的狀態，何必拘泥形式去顧及旁人的眼光？當然，身上帶著塵土教人難以入眠，寂靜深夜多少也增添一點嘗試的勇氣。生活經驗的基礎，源自許多不同體驗及嘗試所組成，這些條件構成眼前世界呈現的樣貌；我以為，能夠決定這個世界的並非它們本身，而是你看待它們的樣子。

　　翌日清晨，陽光微微露臉，柔和光線從公園東側的野林裡滲進，打

在園子涼亭，映入涼亭座下的帳篷頂。我們一面收拾行李、一面咀嚼前夜購買的壽司及麵包，直至地面因為陽光照射而逐漸溫熱，才正式啟程。

前日的躁進使身體產生變化，一覺醒來痠痛積累伴隨肌肉抽搐，讓所踏下的每個步伐，好似由體內發出的沉重警惕。目的地依然尚未決定，進入「茨城縣」以後，我們期望盡速朝往海岸線而去。

一上午靜默緩慢地翻越在幾座山頭之間，途經東水戶道旁的「虎塚古墳」與「十五郎穴」，為日本古墳時代至奈良時代的遺址；十五郎穴崖壁布滿無數大小洞窟，在好奇心驅使下，我逐一攀進內部觀察。不過，子杰並沒有隨後進入，他對死亡與墳場，心中似乎比我多了一點敬畏之情。

滑下二四五號國道最後一道山坡，湛藍的海洋映入眼幅，空氣裡迎來東太平洋的鹽味，這才宣示著筆直而平坦的海灣公路來臨。日本雖為島國，但從出發至今六天時間，我們才真正望見海洋。旅程並未著於眼前景色，進而開始引發思鄉念想，存在心底更多是對於冒險的亢奮之情。但每當望見大海時，總能勾起腦海裡與家鄉的連結。生活鄰近海洋的人們，注定屬於流浪的民族，而我體內流竄著漂泊的血液，以天地為棟宇、自然為褌衣，似乎成了命運既定的軌跡。

白天騎行在陽光的炙熱烘晒，深夜抵達「いわき」時，天氣逐漸轉為陰雨。於超市裡匆匆買完蔬菜、肉排以及泡麵，我們便迅速趕往地圖上丘陵地旁的公園露營。因為在每天行程結束以前，額外多了一份野炊工作，讓旅程多少含有生活的影子；而料理過程所產生的包裝袋、塑膠罐、廚餘……等垃圾，卻成為戶外生活的最終難題。

在「いわき」的夜晚，整袋垃圾就這麼安置在子杰的帳篷角落。待兩人夜裡熟睡時，忽然一陣「窸窣……窸窣……」的聲響傳來。雜音是由彼此的帳篷間隙發出，我們心想大概是自行車上的行李遭了小偷，間隔不久，接續一陣躡足倉促的腳步聲。此時，我拉開嗓門朝外大喊，想嘗試嚇退帳篷外頭的入侵者。幾分鐘後，情緒轉為對沉寂的疑惑。

我拉開帳篷探出頭去，只見塑膠袋、垃圾隨處散落，更遠的黑暗中，靜坐著幾隻目光如熾的野貓。腳步聲，大概是由牠們所發出的；而窸

（上）奈良時代史跡十五郎穴橫穴墓群。
（下）十五郎穴穴墓及壁畫模型。

窣雜響，應當是公園裡貪饞的老鼠。老鼠是公園裡的常在，而我們頂多算露借一宿的過客，如此一想，反倒有種「乞丐趕廟公」的羞愧。

福島核災

按照路線規劃，離開東京應當一路沿著海岸公路北上，在我們抵達「福島」以後，行程卻出現意外插曲。由茨城縣跨入福島縣的路段，是條與海岸線平行的山路；時而海色遼闊，時而山巒疊起，傍山面海、景色錯綜。約莫半天時間，終於緩慢駛離山區，逐漸貼近海岸。下午抵達富岡以前，道路依序零星出現幾個路標，上頭寫著「福島第二核電廠」。我與子杰半開玩笑地說，或許我們將成為第一個騎乘自行車，在核災後穿越福島的外國人了。

不知為何，這條路線顯得特別荒涼蕭瑟，沿途幾乎沒有遇見多少車輛及行人。路間空檔，我們進入一家便利商店休息，店裡的韓國籍員工見到我們一身騎行裝扮，便主動趨前攀談。確認我們的旅行者身分以後，她特別善意提醒，從這裡再往下走幾公里，就屬於核災的管制區域，而現在僅准許汽車快速通過，沒有其他方式能夠穿越災區。

這個消息來得突然，讓人有些驚愕無措。我們對此半信半疑，主要也不願重蹈半天的回頭路，那不僅是對體力的巨大消耗，也是對精神狀態的嚴重打擊。幾經討論以後，我們一致認為，即便真正無法順利前進，也得親眼證實這個訊息。因此，頭頂綿綿細雨，我們帶著執著繼續往災區前進。

抵達道路的最終封鎖線「富岡」，已經接近傍晚五點，陰雨天氣讓光色顯得幽暗昏淡，而街景更透露出幾分詭譎氣氛。市區街道一片空蕩，絲毫沒有任何人煙跡象，道路兩側民宅大門深鎖，窗牖緊閉。透過玻璃窗面窺探，某幾戶屋院內部杯盤靜置，所有生活輔具完美無瑕卻沉默地安躺，平放在被人們棄落的家園。那景象好比在此生活的人們，一瞬間全然蒸發消散，僅存物質文明的遺跡，且毫無生命的鮮明活力。

我們特意去往鄰近海畔的富岡車站，想透過城市交通樞紐，來確認

這裡仍然存有人煙活動跡象；然而，車站似乎早就荒廢，火車的行經路線也已停駛。帶著詫異情緒，我們重新回到國道公路上，凝望幾台朝往管制區方向直駛而去的車輛。禁止通行的道路，注定成為眼前碰上的最大難題，究竟要停留在受到些微輻射汙染的區域，還是摸黑沿著原路返程，亦或是還有其他的可能選擇。

突然之間，各類混雜思緒湧上心頭，攪亂正確判斷與決策能力。很多時刻，異地旅行所考驗的，並非經濟條件、語言能力、文化交流……等這類要素，多數情況下，反倒是考驗自我的心理素質。如何處理突發狀況、如何克服心理壓力，才是真正評斷一名旅行者的標準。

路旁隨處可見的輻射警示標誌，加深我們離開的動機，內心對原路返程的不甘，也阻止了後退的決定。我們於公路的一側停留，嘗試以攔便車的方法，將兩個人及自行車運過管制區域。然而，即便只有一個多小時的車程，便能直線穿越前往相馬或者仙台，但依然沒能攔下願意搭載的便車。

不知過了多久，天色漸漸昏暗，遠方一輛寫有「埼玉縣」的警車由眼前駛過，緩緩停在五百公尺前方。兩名員警看見我們的攔車標語「相馬へ/仙台へ、2人2自転車」，因此下車攔檢問詢。十幾分鐘的交談過後，他們給出一條繞過管制區域，拐彎進入深山國道的建議。對於這個建議，我們並沒有多作討論，決定在接近晚間六點鐘開始上路，也做好在山裡野營的準備。

蜿蜒狹長的林道，漸漸轉為延續不斷的上坡路段，那使我們幾乎以徒步推車的方式前進。緩慢攀升至山腰，足下的屋瓦變得模糊微渺，路旁偵測站上的輻射數值，也隨著海拔提升而緩緩下降。從市區的詭譎氣氛走入幽暗山林，下半天兩人精神始終處在一種緊張狀態。

登上深巔迷境，山林裡的濃霧，在兩盞微弱車燈間蔓延。核災、幽夜、野熊，這些恐懼自然是對陌生事物的不熟悉。從傍晚走到深夜，由海岸步入山林，直到晚間九點，兩人的緊繃情緒，才因為遠方山谷間微微透出的零星燈火而消散。

我從沒想過關於核災，有一天竟會與自己生活如此接近，也從未經

歷這般貼近毀滅的現實景象。或許大多時刻，我們所考慮的僅僅是眼前生活的便利性，卻渾然不覺安頓生存以後，才是所謂的生活追求。如果資源的開發利用，必須建立在無法挽回的風險基礎上，那麼人們最終的抉擇，不過突顯了人性中短視近利的本質。

霪雨霏霏、明月不開，我們摸著黑夜在「川內村」的公民運動場紮營，頂著陰雨天氣能夠找到一處遮蔽物，已算得上是十足幸運。雨露輕緩飄落在樹冠與地壤之間，從夜晚持續至清晨，滋潤著周遭一切事物，包括我們的行囊與衣物。早晨五點鐘，隔壁帳篷傳出刺耳鬧鈴聲，劃破凝結在空氣裡的祥和寧靜。

確認完地圖路線，今天大致也得騎上一天的山徑，才能抵達福島中央的國道四號公路。這條道路是由東京通往青森的國道，全程約七百多公里，為日本距離最長的國道。由於路線本身貫穿本州北部，因此也是「日本縱斷」之旅的熱門選擇。

走過山林及田野，濃厚的霧氣遮蔽住遠方層疊山巒，空間裡渲染一股東方獨特的水墨氣質。身旁田園裡一株株稻苗，吸收水氣的滋潤而飽滿呈現，有時一陣輕風拂過，它柔軟的質地好比山谷間一片綠茵草毯；我想靜臥在如此的柔軟之中，我想投身於自然裡盎然的綠意，但帶著「任務」騎行，總難免時時刻刻面臨取捨與選擇。

蜿蜒在川內高原潮溼的公路上，車輪因此變得溼漉偶有打滑，即便是下坡加速路段，我們也不敢同平常一般放肆騎行。這無疑使前進的速度放緩，一天行駛距離因為下雨、山路……等因素，僅剩下出發時的一半左右。我們的騎行過程，因為氣候因素而填滿沉默的氛圍，各自內心浸淫在與環境的對抗掙扎之中，消耗著體能、磨損著精神。

受潮的衣物及行李，使我們決定在抵達郡山市區以後，找尋當地的旅舍入住。一來由出發至今，近乎三天時間沒能洗上嚴格意義的熱水澡；二來沿途野外宿營，手機與行動電源的電量幾乎見底，我們迫切需要滿足這些需求，因此，難得的住宿成為旅途中最奢侈的享受。

清晨由山內的村莊出發，進入郡山市區不過下午三點鐘，短短六十

白石市露營地。

富岡町核災封鎖線。

於福島禁行區攔便車。

公里路程，是至今行駛的最短距離。抵達下榻旅店時間尚早，簡單完成梳洗以後，我們商量上街購買幾面布匹，用以手作騎行時車後懸掛的關東旗。當麻質布面上，一筆一劃浮現「日本一周」四個大字時，剎那感覺距離筆尖的目標是如此遙遠，即便我們正一天一天緩慢貼近終點，但最終究竟能走多久、能走多遠，內心不免懷有深深疑惑。我們入住的飯店距離郡山車站很近，房間位在旅店九樓頂層邊間；因此，整夜伴隨列車進站的頻率而晃動，好似窩睡在一座巨碩的搖籃之中，但感覺總比野外露營安適許多，不用顧慮雨水會否浸溼帳篷，亦不用警戒半夜外頭傳來的腳步聲。

　　越過幾座山頭，跨越前方地界便是「宮城縣」。離開福島以前，滿山成谷的水蜜桃園出現在我們面前，粒粒粉嫩透黃的蜜桃果實，像似高掛山谷間的一抹腮紅。日本物價高昂，水果尤其更屬生活中的精品，以至於我們除了香蕉以外，少有機會嘗試其他水果的滋味。而擺放眼前這份自然紅潤，基於產地因素及核災影響，價格並非高不可攀。沿途不少農場直銷的攤販，層層疊起這粉嫩大地的果實。「七粒、十粒、十二粒……」親切的老闆娘眼見客人上門，便二話不說，切了兩顆水蜜桃招待。

　　由於價格低廉令人詫異，成袋水蜜桃僅需五百日圓，使我們再三確認這份意外驚喜。只是無論再多的溫情理解，似乎也難以掩蓋這片土地的傷痕。如今經濟效益似乎並不如它外表呈現的飽滿，沾染「福島」之名的農產作物，急切想擺脫衰怠的狀態，但距離正常生活的回歸，依然有段漫長的復興之路。

　　一連三天時間，偶爾微陽時而陰雨，身上衣物經歷乾溼、溼乾的狀態，不知重複了多少次。於「白石」停留一晚，密雲似乎正逐漸散去，微弱星光隱約於夜空中閃爍，讓我們終於能有所期待。旅程因為與原先生活拉開距離而變得單純，心緒順應環境而產生喜怒哀愁，只需要細心去靜靜感受。

　　隔日早晨，天空裡幾面蔚藍穿透白雲若現，雖然灰厚的雨雲仍舊沉積在遠方的「白石城」頂上，但那反倒襯托出幾分古城樓閣的潔白高雅。一到夜晚，燈光投射於亮白的城郭之時，更似一顆幽暗裡孤傲閃爍

的明星。白石市區至高點處的白石城，原為江戶時代大名伊達政宗的支配城，後因戰事易手，直至家臣「片倉小十郎」的協助下，才重新奪回；隨著時代更迭，白石城城主幾經更替，雖然德川幕府期間頒布「一國一城」政令，但片倉家被允許破例成為白石城主，因此賦予白石城特殊的歷史意義。

我們環繞古城外沿步行，走過三階櫓、馬場跡、片倉景綱頌德碑及第十八代橫綱「大炮萬右衛門」像。城郭西北側有條小徑，一直通往隱蔽林間裡的三荒神社與神明宮。途間，小道一側錯落的石造佛龕，苔蘚嫩綠順沿石龕斜頂攀爬，頗饒荒野生靈的情趣。

大半天的閒暇觀覽，午後繼續朝往北方前進，進入仙台北部地區，天氣漸漸明朗起來。約莫傍晚，終於抵達當天目的地「大和町」。近日營地的尋找過程總是百般折騰，前夜甚至差點淪落街頭，最終不得已作出隨處將就的妥協。相形之下，在大和的一切就順遂許多，方才進入村內街道，很快便發現一處擁有水源及遮蔽，而且鬧中取靜的地方公園。兩人如同默契一般，打從心底為此激動歡呼，一塊環境清幽的小公園，卻讓人如此滿心歡喜。所謂旅行的深刻價值，大概便是於這樣一點一滴的過程中，慢慢積累而出的珍視之情吧。

晚間，我與子杰煮上一鍋海鮮燴飯，各自喝著啤酒閒坐漫談。其實在白天的騎行過程，為了顧及交通安全考量，我們彼此交談時間甚少，而像這樣難得的機會，必將成為記憶深刻的時光。我們可以自由抒發情緒，分享彼此過去的生活經歷，這或許正如他先前所謂「參與對方人生」的意義。感覺深刻的情緒必然需要依靠分享，無論快樂、憂傷、恐懼、失落……等等，唯有能夠與人分享的情緒，才能真正感受其中的真實。

1.「一國一城政令」，是一六一五年日本江戶幕府所發布的命令。在一國或大名的領國中，由大名所居住做為政廳所在的城只能保留一座，其餘的城必須全部廢除。但仍有例外，例如：仙台藩白石城與熊本藩八代城，因對幕府有功績，因此居城例外不屬於廢城的對象。

第二章

東北

Shiroishi shi → Onishika minatomachi
177 hrs / 939 km

僅僅兩天時間，我們由「白石－富谷－北上」這條路線縱穿宮城縣，再往北走，就是環日騎行的第四站「岩手縣」。進度比原先預期快上許多，就連起初擔心兩個性格截然不同的人，因為旅程必須朝夕相處，難免產生摩擦的問題，最終不但爭執從未發生，整趟旅程氣氛反而格外融洽，讓先前的顧慮顯得是杞人憂天。在每日的工作分配上，由我擔任導航領路、尋找營地、料理伙食的任務；而子杰則負責語言溝通與交流。我認為其中關係能夠產生良性循環的原因，一部分是建立於對彼此能力的信任基礎，一部分則為等量的經濟條件。

　　過去的旅行經驗裡，曾遇過許多性格無法契合的夥伴，也碰過行為不搭的對象，藉由共同旅行的接觸方式，很容易增進彼此不同層面的認識。每個個體對過去自我經歷的主觀理解，建構出當下的處事態度，而雙方不同觀念產生的摩擦碰撞，於我而言便是一種難以調和的矛盾。我們兩者之間，能夠氣氛和諧相處融洽，很大程度決定於匹配的經濟條件，那使旅行過程雖然艱辛刻苦，卻又成為彼此間的最大公約數。很多情況下，主動消弭面臨各別抉擇時的自由意志，成為一種隱含包容的表現。好比在過程中，我總冀望獲得更多的獨處時間，用以進行內心沉思工作，但後來也逐漸明白，兩個人旅行的意義，更多著重在於溝通及分享，嘗試由不同角度進行認識及反思。

一百圓的感動

　　掛置行李後架上的關東旗，隨著初秋的微風柔緩飄動。自從完成手工旗幟以後，騎行時總會分外留心，能否在路上偶遇同樣揣有「日本一周」目標的同路人。國道四號公路，是「日本橫斷」的必經之徑，因此不乏許多騎行者，以二輪乘載著各自的靈魂，追尋屬於自己的遠方意義。我們的旅程充滿汗水與痠痛，自然缺乏浪漫的詩意，但卻飽含濃厚流浪者的芬芳，只因仍然持有一絲青春的徬徨。

　　路線隨山勢跌宕起伏，有時穿梭在密集的林間，或者行於成片有待

熟成的水稻田邊。柔軟的株苗、粗獷的野林，景致充滿疊層的綠貌；由淺至深，由近至遠，我們是行於兩端的旅者，沾染田園的泥氣走訪山林，再由山林帶回高原遼闊風景回到原野。抵達「岩手町」時，霞光已經逐漸黯淡，這裡是位處北緯四十度線上的小村鎮，夾在兩側山脈的窪谷之間。村子規模很小，僅有兩間對外營業的商業旅館。

此前，我們已經連續四天在外紮營，因此兩人迫切懷有能夠洗上熱水澡的希望。從國道高點去往低窪處的河岸街道，再由「御堂」回騎十一公里抵達「岩手川口」；兩個車站的距離，山坡至河堤的高低落差，我們仍舊遍尋不著能夠落腳的地方，小鎮上唯二的旅館，也早就已經客滿。三個鐘頭來回奔波，最終帶著百般無奈的情緒，決定重新回到道之驛「石神之丘」露營。

返程途中，天空再度降下綿綿細雨，雨水夾雜著汗水，淌溼雙頰，遮蔽住眼前幽暗的山區道路。能夠順利返回道之驛，感覺總比淪落街頭，又或者野外紮營來得舒適許多，至少這裡有遮蔽處，以及一間二十四小時開放的洗手間。我們正猶豫著是否要等待至深夜，然後偷偷躲進洗手間裡洗澡，但當打開水龍頭瞬間，遲疑便隨著直瀉而出的熱水消散。

「有熱水！」我難掩興奮之情朝在外頭把風的子杰大喊。他帶著難以置信的眼神進入廁間，緩緩伸出右手測試水溫；觸碰水流的剎那，流水彷彿順沿他的臂膀逆行而上，濃濃暖意猛然湧入他的心頭。凌晨一點鐘，我們在深夜的道之驛裡，完成一次機會難得的熱水澡。洗澡於我們而言，幾乎算旅程裡最奢侈的事情，遑論是在水流溫熱、四方遮蔽的廁間裡了。

隔日早晨，幽林環繞，四周彌漫一股沉木的芳香。我們擔心影響旁邊的商家營業，因此特地早起收拾帳篷。不到九點鐘，人潮陸續湧現，大多是提著自家商品進到道之驛鋪貨的在地農民。日本全國各地的道之驛，往往不僅有提供過路車輛休息服務，更具備在地農業貿易的功能。在農貿市集裡所販售的產品皆是來自本地栽培，再由農民當日清晨從產地直送直銷。

展示架上的各類蔬果、肉品，乃至農產加工品，商品上端都會有一

張小型表格，記錄著生產者的編號、姓名，以及生產者提供給消費者的訊息。這些訊息留言，有些是農民自身的經營理念，例如：自然、無毒、無公害……等；有些則是新進的年輕農民，誠懇推介自家產品的生產過程以及使用方式。這一張張小型留言板，成為最直接溝通生產與消費兩端的訊息載體，它承載著生產者自身的驕傲與期待，同時也傳遞給終端消費者面對食物應有的情緒與態度。走進當地市集空間裡，彷彿所有不同形式表現的生命，都能充分獲得人們更好的尊重及對待。人的情感與之產生聯繫，內心狀態因此豐富起來，整個農業市集自然充滿著暖心的溫度。岩手町雖然不過是人口萬餘的小村鎮，但石神之丘、美術館、彤雕公園、農夫市集……這些位處北緯四十度上的標的物，讓人深深愛上這種簡單而樸實的記憶。

一上午蜿蜒在北行的登坡路段，經過奧中山高原之後，便是「十三本木峠」。標高四百五十八公尺的山峠，為國道四號東京至青森的最高地點，登上山峠頂點，意味著漫長等候的下坡路段終於來臨。左右兩側零星的高原牧場，從眼尾餘光裡一一晃逝。輪轉帶起的迎風，掠過肩頭，遺留後方的餘韻，是我們踩下的輪跡與足印。

接近下午二點抵達二戶市，我們進入一間外觀樸實簡素的拉麵店，打算隨便解決早已過點的午餐。出來接待的店主，是位滿頭銀髮，年約七、八十歲左右的老奶奶。在鄉下地方，兩輛自行車、兩個外國人，加上「日本一周」的關東旗，讓我們所到之處必然吸引不少旁人目光。

隨我們之後進店的客人，是年輕夫妻帶著兩個孩子的一家人；另外一桌，則是一位頭戴鴨舌帽、臉掛金絲眼鏡、雙手纏有運動護腕的老爺爺。當老爺爺進門，他的目光首先掃視全場，彷彿正在尋找著什麼。緊接著，視線朝往我與子杰的方向停留，他的腳步緩緩移動至我倆身旁，然後輕輕坐下。

「停在店外，掛著兩面『日本一周』旗幟的自行車，是你們的吧？」他問。

「是的。」我們回答。面對這般的詢問，一天總要出現兩、三次。

北海道標津町海濱公園露營地。

因為語言不通，我繼續大口吃著眼前熱騰的叉燒拉麵，而子杰則與他熱絡地閒談起來。

　　眼前這位身體精實的老爺爺，今年已經七十八歲了，但他的言行舉止之間，卻活像個十七、十八歲的小夥子。談起年輕時的周遊經歷「八歲到過中國，接著走訪韓國、俄羅斯⋯⋯等等國家」，目光裡不由得閃爍滿是驕傲的神情。他微笑的時候，雙頰不覺浮現幾條深刻皺紋，那是經歷浮世的滄桑，也是人生過往的璀璨印記。當我們說起，再過幾天抵達青森以後，就要前往北海道了，而目前仍然不清楚究竟應該如何過去。此時，他的思緒馬上停頓下來，緊接著詢問似乎熟識的麵店老闆娘。兩人來回討論好一會兒，似乎得不出個答案，於是又將問題拋向鄰桌的客人們。最後，一夥人就在小小的麵館裡，認真討論起如何從青森前往北海道的正確方式。於我們而言，那不過是件不足掛齒的事情，頂多在抵達青森之時，想方設法去打聽詢問即可；然而眼看他們一群人熱切地討論著我們的事，並且摸尋許多可行方案，頓時被這股鄉下人的良善之情給深深打動。

　　步出麵館，老爺爺從大門目送我們離去。此時穿著碎花廚裙、滿頭銀髮的老奶奶，也悄悄推開巷弄裡的後門走了出來。

　　「剛才無意間聽見你們的環日騎行計畫，很想替你們盡一份心意，這一百圓是用餐時額外加麵的費用，希望你們能夠收回。」語畢，她將手裡緊攢的一百圓銅板，小心翼翼地遞了過來。

　　「我擔心在店裡頭，這樣的行為會對其他客人感到抱歉，因此跟隨你們出來。」她又補充這麼一句話。

　　面對這突如其來的熱情，我們兩人心裡一股暖意湧現。沿途走來，接受過不少路人的微小施善，往往因為如此樸實的自然流露，讓人感受其中飽含炙熱的真誠。在「施」與「受」之間，沒有參雜功利的意圖，也沒有絲毫持有回報的期待，完全純真良善的情感聯繫，是人與人柔軟無私的交流。

　　奶奶的麵店裡，從窗台到牆面，由門關至廚廊，各處填滿花卉畫報與花束的點綴。那般精緻細膩的景象，讓人真正體會所謂走過歲月的痕

跡，卻活出了生活應有的樣貌。於她的內心世界裡，彷彿駐留著一位悠柔少女，當我們合照之時，奶奶更顯羞澀地說：「真是不好意思，都已經是個歐巴桑了呢！」但擁有如此柔軟靈魂之人，又怎會隨著時光流逝而真正老去呢。

電台玩家

　　告別溫情滿溢的拉麵店，距離沒走多遠，精神再度進入午後必然面臨的恍惚狀態。約莫四、五公里之間，我們決定轉往路旁的便利商店，補充幾罐咖啡提神。隔著馬路對側，有條朱紅燈籠欄杆夾列的寬長石階，幽灰石階通往的頂端，是縣社「吞香稻荷神社」。我們將自行車暫時停放於便利商店門前，打算過去登上神社參拜，不過足步踏上第一層石階時，兩人卻默契十足，同時側身靠往台階一旁的狐使。

　　「不如還是別上去吧……我對神社沒什麼興趣……」、「也是，我認為沒什麼必要非得上去。」簡單的問答之間，作出我們山下遠觀參拜神社的決定。其實彼此心底清楚知道，是登階時抬起大腿一瞬的抽痛感，打消了上去參拜的念頭，只是我們都不願意承認罷了。

　　短暫休憩以後，準備再度回到便利商店取自行車。由馬路一側，遠遠便望見店舖老闆手中揣著他的相機，前後幾個角度換位，對我們的自行車一連拍下幾張照片。我們嬉笑談論著眼前這幅景象，他應當也是一位充滿好奇之人吧。當他回頭望見我們慢慢接近時，立馬衝回店裡拿出一本蒐集冊，緊接步出商店大門，翻開內容某頁朝向我們展示。

　　裡頭是一張來自台灣的明信片，攝有「天下為公」四個大字的牌匾。原來，他是一位明信片收藏愛好者，而這便是他眾多的珍藏品之一。簡單自我介紹以後，眼前這位身著制服的商店店長，名字叫做熊谷敏夫。他看見停在店外的自行車與旗幟，知曉我們環日騎行碰巧路過此地，便熱切邀請我們進店休憩，並品嘗店內的大福餅與哈密瓜。熊谷先生說，他不僅喜愛收藏世界各地的明信片，另一個興趣，則是自由無線電台玩家。

在他擺放茶點落地窗的檯面兩側，布滿各式電子設備及無線機台，這些產品全是他個人的「業餘玩具」。從一九六二年起，他開始第一張電台明信片的收藏之路。那是一種記錄特殊電台頻號的明信片，上頭寫有獨特專屬的頻率號碼，每組號碼對應都是一位自由電台玩家。玩家間只要透過固定的頻號搜尋，便能從自身機台與對方取得聯繫，並且以電台直接進行交談。在四十多年接觸無線電台期間，他曾於一九七二年認識唯一一位來自台灣的電台愛好者，而當年對方寄來的電台明信片，直至今日，仍舊仔細小心地保存在這本蒐集冊裡。

熊谷先生是個外貌極其平凡之人，而當他談起自己的興趣時，卻流露出某種非凡氣質。他對無線電台的喜好，有種令人打從心底敬佩的熱情。從那一本本精心整理而成的蒐集冊，再到介紹無線電台操作時的閃爍目光，一點一滴積累的微渺執著，成就一個人、一輩子，投入所有心力展現出的精神魅力。我內心不免十分納悶，一個對於興趣愛好如此堅持，鑽研學問如此透徹的人，為何最終並沒有走上一條專業道路？難道出於某些原因，使得他必須選擇更能維持生計的出路？或者在某些階段裡，表現對人生現實的妥協？但這些原因背後，從他流露出對生活充滿超然的熱情與悸動，我確信這些經歷，都是一段用心體驗的人生。

兩個鐘頭的停留以後，我們於商店門前握手道別。臨別前一張合影及簽名，也許意味著再也後會無期，或許也可能替將來的再見留下伏筆。不管以後見與不見，這份深刻動人的回憶，都將記錄下一段純粹而美好的午後時光。

初遇北海道

由十和田市去往青森的方向，大致區分成兩條路線。一是沿著國道四號北上，途經七戶町、野邊町，繞過野邊地灣與青森灣間的海岬，橫越平內町抵達青森市；另一條路線，則由十和田市區走一○二號國道，東行約莫十公里後，緊接轉往縣道四十號公路。我們選擇後者的路線，認為直

（上）奶奶與她的麵店。
（下）子杰與熊谷敏夫先生。

線穿越四十公里山脈公路，應當是最為便捷快速的方式。

　　確認晚間六點鐘於青森港，有一趟發往函館的船班，四小時航程便能抵達函館，時間上不至於過晚，因此清晨醒來便迅速整裝起程。雙頰迎著溫熱的晨光前進，柏油路在光線照射下，散發出焦油濃異的瀝青氣味。前方騎行的子杰，影子被陽光拉得很長。影子有時因為過分細長而模糊晃動，彷彿慢慢融入地面，有時卻又清晰地印出一輪一廓。他在前方逕直追趕著旭日，而我於後頭捕捉他的身影，偶爾拐過幾個彎角，影子突然消失在山林之間，那時我知道，自己的速度似乎拖累了隊伍。

　　進入四十號縣道以後，展開五個鐘頭漫長的推行。山脈坡度已然超出兩輛六檔變速菜籃車的範圍，很多時刻碰見山路，必定是要轉換成步行模式。腳下的縣道公路很窄，全段幾乎為雙線車道，往來的過路車輛也並不多見，因此，整條公路充滿林蔭以及夏末的蟬鳴。我們從「高森山」的東側，走到「土筆森」的西端；再由「田代平」高地溼原，去往「按ノ木森山」。汗水從晒得滾熱的前額，直直落入腳下的大地山林，內心為這份貧瘠的灌溉感到羞愧，而那卻是我們唯一能夠奉獻的努力印記。

　　攀登一座座山嶺、貫穿一片片高原，頂著烈日向前緩緩步行，有時甚至連推車徒步都要走走停停。費上許多時間氣力，午後一點才終於遇見一間餐飲店「銅像茶屋」。

　　我們在茶屋裡解決午餐，而位在茶屋正後方四百公尺處，立有一座「雪中行軍遭難者銅像」，銅像以呈現假死狀態的後藤伍長為模本，紀念一九〇二年該處發生的「八甲田遭難事件」。當時，日本帝國陸軍步兵連隊為了備戰與俄國之間可能爆發的戰爭，特別進入冬季的八甲田山系，進行部隊抗寒行軍訓練。然而，最終在經驗不足及天候不佳等因素下，使得這支二百多人的隊伍幾乎全數喪命，成為近代史上規模最大的山岳遭難事件。

　　我們於此並未領略冬季的酷寒，卻對炎夏的燥熱深有感受；站在一千公尺的山嶺頂上，陽光彷彿距離我們也更近一些。短暫的休息過後，起身離開茶屋繼續趕往青森。下山的道路是條細長筆直的陡坡，將近9%

的坡度，使我們騎行變得格外困難。途中，不斷擔心煞車過熱而產生失靈，只好耗費更多時間，採取分段下山降低安全顧慮。多數時刻，下坡路段也充分反映出我們的性格差異，子杰大多總是傾向緩慢、安全、十足把握的下降方式；而我則喜愛帶有速度、冒險、享受感官刺激的衝擊體驗。他性格裡給人一種保守的感覺，我卻對規範進行衝撞與突破甚是著迷。他之所以成為這趟旅程的同行者，原因之一正是希望藉由他個性裡展現的守成，調和自己性格中不恭於世的態度。

晚間六點，我們告別青森。推著自行車步入輪船底艙，一股煤油燃燒的氣味襲來，也因此燃起內心裡對北海道的迫切期待。隨著津輕海峽的浪波，逐漸將輪船推離港灣，本州大島緩緩消失在薄暮之中，也消失在經歷兩週艱苦，卻因此感到滿足而充實的目光裡。航班船艙，是擁有成排景觀窗的大通舖，或許因為平日的關係，船上乘客寥寥無幾。兩千圓船資加上一千圓自行車運費，另外置有淋浴設施，讓整日大汗淋漓的我們為之深深動容。沐畢，我們曲肱而枕臥榻於通舖內，輪船逐波搖晃，恍惚雜談之間前後步入夢鄉。

船上的汽笛聲，於夜間九點鳴起。「嗞嗚……嗞嗚……」我爬起身子探往窗外，船身右側有座隆起的山脈，山脈的下身落於海平面線上，而上半部山錐，則隱藏在裊裊雲霧裡。

「那應當就是函館山了吧？！」我回過身子，搖醒還在夢裡的子杰。

「這麼快就到北海道了嗎？」這是第一個由心底湧現的念頭。以前總覺北海道、札幌、函館……等這些地名，與現實生活距離格外遙遠，從沒想過如此突然呈現眼前，尤其是以搭船的方式抵達。

深夜的港灣很靜，浪花拍打在碼頭堤岸的石坡上，彷彿海洋的脈搏正在躍動。下船以後，天空飄起綿綿細雨，大海的心跳聲距離我們越來越遠，兩輛自行車慢慢朝往市區的燈光前進。函館山高聳於市區南端，即便身處夜裡，仍然可以清楚感受它的輪廓。宏碩的輪廓緊挨著城區，畫面感覺有些唐突與不和諧，但那又像一座城市的天然屏障，不分晝夜地靜靜守護著函館。山巒影子成為路線指引的目標，一路南行走了六、七公里，深

夜的「千代台公園」停車場，成為抵達北海道第一晚的營地。

　　函館以雨水替我們接風洗塵，由夜裡零星飄落，隔日轉為大雨滂沱。清晨醒來時，發現自己臉部與小臂浮現紅色丘疹，隨著搔癢範圍慢慢擴大，側臉與耳朵有些浮腫難耐。猜想大概是昨日山裡騎行時，被蚊蟲叮咬所引起的過敏反應。瓢潑雨勢使得一上午幾乎無法騎行，我們乾脆轉往函館山腳下的博物館參觀。展示館裡頭面積精巧，藏品卻細緻豐富，多數為當地的出土文物與近代歷史簡介，很快便建立起對北海道及函館的初步認識。

　　午後，雨勢仍未打算停歇，只好咬牙忍受風雨中騎行。依照原初計畫，青森應為子杰這趟旅程的終點，卻因為先前行程進度趕超，所以臨時決定繼續一路騎至札幌。他的返程航班是在四天後的東京，意味著我們僅有三天時間，必須完成函館到札幌的三百公里路程。冒雨行進，渾身包裹在潮溼的鞋子、雨衣裡，接受精神挫折與沿路的黏膩溼躁，成為這趟旅途最終的必經過程。

　　從函館出發，我們並沒有馬上順著沿岸騎行。倘若想接近內埔灣海岸公路，必須北上穿越大沼國道，再經過茅部郡才能抵達森町。森町過後，便是相對輕鬆許多的沿海路段。位於茅部郡東側，是海拔一千多公尺的活火山「駒ヶ岳」。「駒ヶ岳」的上端由兩座頂峰所構成，依序從東北至西南坐向，分別是「砂原岳」及「劍ヶ峯」。前者的山弧形狀很美，自一千公尺的峰頂緩緩滑降，於空中劃出一道極致弧形，而後落於海平線上。位在另一側的「劍ヶ峯」，似乎沒有因為距離產生出美麗遐想，或許它正影響著我們腳下騎行的坡度，所以只有一份切實的崇敬心理。進入森町已經晚間七點鐘，下了一天的雨勢逐漸趨於緩和，這座小村鎮的地勢傾斜起伏，由靠山的內側一路滑向偎海的平面。

　　據稱，森町的名字源自舊時阿伊努人的稱呼「樹木眾多的地方」，因此，後來便以「森」字命名。而這裡的人口或許不如樹林來得繁盛，小小村鎮人數不過萬餘，所以當我們進入町內幹道時，一片人煙稀少空蕩荒涼的景象，甚至找不著一處能夠用餐的地方。夜裡，公園宿營旁的草叢

（上）青森─函館渡輪。
（下）函館市街電車。

堆，傳出陣陣蟲鳴；嚷噪的聲響越大，我們內心越滿歡喜，或許距離北海道久違的晨光已不遠了。

隔日早晨，光線從東方街道的一側升起，爬過兩旁屋宅勒腳、牆群及雨篷。在紅、灰錯綜的方形地磚上，陽光的照射使溫度產生能夠觸摸的厚實。相比匆匆啟程趕路，我們更傾向利用一、兩個鐘頭時間，去曝晒悶溼的露營裝備。我把行李中所有衣物攤散於陽光底下，甚至也將自己交付予暖陽，世界因此再度充滿光明的溫熱，內心恢復原先的明朗潤澤。

當我們開始朝往內浦灣前進，海岸公路比山徑來得更加平易近人，沿途海景伴隨著歌聲，歌聲又在微風的吹送下，送走三十多度炎夏的燥熱。離開森町以後，五號公路依序經過八雲町、長万部町而後轉往山林；我們從北海道的東岸走到西岸，由太平洋來到日本海，在海岸一側的「壽都溫泉」浸浴，靜享浴場食堂大叔特意招待，用以補充「日本一周」元氣的溫泉雞蛋。

凌晨兩點鐘，鬧鈴在壽都高原上響起，出於對高地星空的執著，即便睡前天候再度布滿灰暗烏雲，但仍有堅持半夜起床查探的理由。入夜以後，打開素綠外帳的簾鍊，冷風由鋸齒狀般的間隙透入，迎面吹散倦意。張眼一望，便是漫天無際的星斗；高山地域夜空總是壓得很低很沉，熠耀繁星重重地迫落面前，呈現一種幽暗裡光織明爍交雜的爛漫斑斕。銀河高掛，由北朝南淌出一彎淺白的淡淡軌跡，星星彷彿映照著地上的石頭歌唱，後方森林裡，蟲鳴此起彼落應和著暮夜的祈禱曲。我不明白能以何者交換這般體驗，或者，我願予任何事物換來這樣的純靜自然，即使我終將隨著晨曦離去，但總有一塊記憶屬於壽都深山的星空。

夏秋季節交替，天候陰晴偶雨，壽都灣的沿岸公路細雨連綿，雨水參雜海風的鹽味，嗅感熟悉而內心踏實。四天前，因為蚊蟲叮咬所引起的過敏反應，導致片狀丘疹遍布全身，四肢搔癢難耐，夜裡很難獲得足夠的休息。拖著充滿倦容的皮囊，堅持走完最後壽都至札幌一百四十五公里路程，倘若順利抵達札幌，至少能有一天半的喘息空檔。

上午走過溼漉的海岸堤道，下午翻越山間的向陽花田，有時佇立崖

端眺望西岸的海洋，偶爾穿梭一口一口的山坑之間。雨水浸溼雙頰混合額上的汗露，風乾以後留下環環鹽白深淺遞層的汗跡，那並非汙穢的憂擾，而是征逐四方的光榮。

　　進入小樽市時間已接近晚間六點，依傍石狩內灣接續走上四十公里路程，便能抵達札幌。「小樽」為北海道較早開發的港口都市之一，所以市區保存著許多完好的傳統歷史建築，子杰曾經在此待過一段時間，所以由他的神情之間，能夠探出幾分舊地重遊的激動之情。或許他從沒想過，有朝一日竟以自行車環日的方式重訪，如同我也從未設想，這趟日本一周之旅付諸實踐的可能。

　　計畫慢慢成為腳底的旅途，即便每天正一點一滴貼近終點，但結局的想像依舊是模糊遙遠的輪廓。於我生命中最為深切的期待，或許並不投射在那些牢牢掌控的事物之中，而是琢磨於未來，一種飄忽無定的游移懸想。人們面臨生活偏盪產生的不安定感，似乎總會趨附本能，採取迴避態度去對待消解，其中所感受畏怯的對象，是基於不確定性伴隨的恐懼心理。但於我而言，這份避免生活中產生失控、脫序的偏軌狀態，反倒越加脫離感受真實自由的可能。

　　當我奮力撕去一層又一層，包裹個人的規範及標籤，除去價值、道德、身分……等等這類規約，感受到一股做為「自由人」的回歸。儘管沿途或許飽含尖銳的批評與質疑，但踏足一條崎嶇蜿蜒的無人之徑，尋覓一些偏離現實生活的深刻經歷，其中樂趣便也滿藏著富饒驚喜。當我沉浸於這樣的驚奇之中，飄蕩的生活形態，似乎成為了唯一選擇。

道別

　　離開東京後的第十四天，我們終於抵達札幌。札幌是子杰日本之旅的終點，短暫停留此地，除了準備帶有儀式感的道別，還必須安排將自行車運送回國的事宜。兩人耗費一整天時間徘徊在大通公園兩岸，從西側札幌市資料館朝東步行，再由豐平川前轉往篠路通北上；沿途詢問數家物流

服務公司，從日本郵政、宅急便，再到區域性的札幌通運，依然無法將半個月來陪伴子杰的自行車，順利郵寄回去澳門。我們不斷重複著詢問及被婉拒的過程，運送初衷並非源自車輛本身的價值，而是其中承載一段東京到札幌的特殊回憶。對於這份意義的理解，兩人基本擁有相同的共識，自行車已然成為旅程裡不可或缺的重要組成部分，但就處理運送的方式上，卻也因為意見相左而產生分歧。

當我傾向付出雙倍費用，甚至嘗試耗費大量時間進行拆解打包，想以任何形式保存這份意義的載體；而他卻似乎在四處碰壁束手無策以後，默然接受放棄。

「倘若換作是我，無論如何都會想方設法將自行車送回台灣。」在日本郵政門前幫忙拆卸車輛時，我直白地向他提出內心看法；那是對他妥協態度感到無法認同，其實也是對他性格裡某些部分的批評質疑。我們於旅途間有諸多討論，是關於彼此性格中的優劣分析，這些半個多月的共同經歷，讓彼此相互產生一點理解及把握。其中印象特殊而深刻者，好比我總能在不同時刻回想起，於岩手町石神之丘當晚，他詢問我有關「做為一種修悟的旅行方式，何者是其中最為重要的品質？」

我當時給出的回應是「膽量」，直至今日自己依然如此堅信，倘若以嚴格的態度去審視這趟旅程，其中必將伴隨許多未曾體驗的慌亂恐懼。這層負面情緒的積累，便是為著建立起一種具有突破性的思維模式。當我們抵達福島身歷其境，見識過核災造成的毀滅景象，那於心底是無以疊加的倉皇無措。而後轉往寂寥的村鎮，一路步行進入深山，在濃霧彌漫的幽暗森林間，失去照明燈光、沒有人煙跡象，周遭僅存兩人間歇徒步的喘息聲，一股源自內心的恐懼感受又是如此強烈。但這般特殊經歷，逼迫著自己進行思考，呈現於眼界之前的真偽、有無及虛實，更譬如建立於佛家所論的「三性」[2]學說之理解與體悟。

旅途期間，各自不同經驗分享成為一種樂趣。我深切期待當旅程結束之時，他亦能體驗到我認為長途旅行裡，精神所要經歷的三種不同階段「忘卻時間、擺脫人際連結、從自我中抽離」。唯獨觸及這般極致的心境

感受，便能理解何為真正的自由。他或許談論過無數次，親身投入參與這趟旅行的動機，那是一種對於改變的渴求；我自己當然也期待旅程結束以後，生活能展露出轉變的契機。這似乎是某種預設的投機心理，將自我現態的不滿投射在未知的將來。然而，任何一段特殊歷程所出現的改變，往往並非在當下一蹴可成，更多時候，會在長遠時間之中的片刻瞬間，突然全然明白它們之所以存在的意義。

或許，最後我仍然並不清楚，當子杰的旅程完成以後，行前所假設的「回報」與「期待」，是否獲得真正滿足。但一段過程圓滿結束，必然是經歷多次自我內心的嚴格審視，終究會展現出屬於自己的優秀品質。由東京到札幌的半個月時間，無疑是兩個生命的短暫交會。好比行前兩人於東京荒川河畔的漫談，無論彼此對於「朋友」的理解，究竟是希冀一段生命參與的儀式感，還是純粹唯心的內在認定，最終雖然我們並未突破各自的思想局限，但這趟特殊意義的旅程，必定產生遠久的牽絆情誼。

北方民族的憂愁

隔天中午，我與子杰在地鐵札幌站道別。我獨自一人重新回到大通公園、狸小路、舊市議廳，在市區裡的歷史建築街道一側緩緩前進。順著函館本線鐵道，經過苗穗、白石、平和、厚別，抵達十多公里外東側的森林公園。公園山腰上，是「北海道立博物館」，緋紅色寬長的建築主體，照映出湛藍晴空的明朗色澤。博物館裡展藏豐富，推開大門便能撞見兩頭碩大的猛瑪象化石，將北海道歷史拉回一百二十萬年前說起。

從舊石器文化、繩文文化、續繩文文化、鄂霍茨克文化……各個歷史發展階段，不同的時代發展推演，其中最具特色還屬日本的北方民族「阿伊努文化」。「阿伊努」在民族語言裡含有「人類」之意，從民族學

2.「三性」又稱為三自性，分別為遍計所執性、依他起性、圓成實性三種。此三性之關係是不即不離，以蛇、繩、麻之比喻來說，若愚人於闇夜見繩，以為是真實的（為實我之相的遍計所執性）而感到驚恐；由於覺者之教法，才知不是蛇，而是類似蛇的繩（依他起性的假我）；進而其實際執著的繩並沒有實體，其本質是麻（圓成實性），其繩是由種種的因緣而由麻假作繩的形態。

及遺傳學的研究角度分析，早期生活在北海道的阿伊努人，可能起源於北方西伯利亞高原，由民族遷徙經庫頁島或者千頁群島進入北海道。因此，阿伊努人的傳統文化裡，充滿許多與北方大陸民族非常相近的特色，例如：口弦琴、五弦琴、神謠、英雄史詩，乃至服裝儀容、生活習慣、動物崇拜……等等。

在擦文文化末期，這些最早定居於北海道的北方民族，被和人（本州人）統稱為「蝦夷」。「阿伊努人」的生活形態及生產方式，與「和人」存在巨大差異，他們仰賴傳統狩獵、捕魚、採集所獲得的海獅皮、熊皮及鮭魚乾資源，用以換取和人所生產的米、酒、香煙日常用品。阿伊努文化發展至十八世紀，阿伊努人受到本州人的移民侵略，傳統文化才逐步走向衰亡。藉由當時本州人引進的「場所承包人制」₃，不僅侵占阿伊努人的生活領地，許多阿伊努人更被迫進入和人開辦的漁場販賣勞動力，而後期松前藩及幕府對阿伊努人實施的統治管理，更加速北方民族文化的消逝。

同樣起源於北方，生活在中國境內大興安嶺深處的鄂溫克族，一樣也經歷著相似的民族衰亡問題。當面臨現代化生活形態轉變，以及外部強勢文化的影響干預，無論身在何處的稀少民族，終歸無法擺脫自身文化走向凋零的命運。這是人類文明發展的殘酷規律，同時也是多元文化無情吞噬的呈現。當傳統生活形態無力抵禦外部入侵，民族精神的崩潰必然走向全盤瓦解。透過館內展示的阿伊努人歷史進程，總讓我不斷想起北方鄂溫克民族詩人「維佳」，當他面臨自身民族文化消亡時，內心產生強烈無力感而發出的沉痛吟嘆「倘若有來自更文明世界的警察向我開槍，那就開槍吧！」

隨著子杰離去，我心中難免有些無以隱藏的失落情緒。當我重新踏上獨自一人的旅程，支撐我的外在動力源自沿途日本人洋溢的熱情。順沿十二號國道北上，經由江別、岩見澤去往美唄的路途，似乎許多旁人從我騎行的身影裡，感受到單獨的蒼涼感。因此，不少過往車輛會特意停下，給予最簡單的支持鼓勵。有些搖下車窗，放聲向我喊出「頑張って」，彷

彿隨著一聲呼喚，把我往終點又推進一步；某些人的鼓勵直率而真誠，藉由巧克力、麵包、飲水……等等食物援助，讓支持力量轉化為熱能的形式完全吸收。

在美唄獨自紮營的頭一天晚上，感覺仍然有些不適應。一個人支營、一個人處理炊事、一個人在公園裡洗漱、一個人消磨身在異鄉的深夜時光。我靜靜坐臥於涼亭底的帳篷內，公園位處車站及市役所之間，地點有些偏僻而荒涼。平時飯後我會與子杰聊天嬉鬧，或者討論隔日的騎行路線，但現在僅僅只能望著眼前的鞦韆發愣，腦海中不覺浮現「夜半無人的鞦韆擺盪」，抑或「深夜公園獨自玩耍的小女孩」一類的奇怪念頭。當然，這般軼事實際並未發生，倒是在入夜以後，原先月色當空的天氣，卻忽然驟起強風大雨。

隔日，繼續沿著石狩川上行，這條貫穿整片石狩平原的河流，總長約二百多公里。北起中部大雪山脈石狩岳西側，南向注入札幌西岸的石狩灣，流經北海道面積最大的平原，同時也是全國長度第三的河域。經過瀧川以後，路線轉往西北方向的二七五號國道，我想藉由這條通往留萌的山線，離開中部地區貼近日本海岸騎行。

北海道與本州的不同之處，在於沿途多半經過鄉村及漁場，大型城市與都會區極少，並且彼此間距離也較遠。而日本鄉間的生活作息規律，基本上晚間六、七點鐘以後，街道便是空蕩荒涼之景，人影幾乎難得一見，遑論開門營業的商家店舖。三天前離開小樽以後，便一直待在內陸騎行，當駛出留萌北面的春日高台，再度眺望湛藍海洋時，一種莫名的喜悅之情湧上心頭。

海岸公路的右側，是連綿起伏的綠墨山丘，左側是波峰蕩漾的深邃海潮，海潮在洋風的推送下，迎來一道道厚實的銀白浪花。浪花裡挾帶著黏密的水氣，拍打在公路側旁底的礁岩上時，水氣裡的鹽質因此碰撞產生

3.所謂「場所承包人制」，即為了維持藩地的財政收支，松前藩將「蝦夷」之地劃分成若干區域分封給藩主的家臣做為俸祿，允許其在劃定的範圍內與阿伊努人交易，家臣們又將區域內的交易權再度承包給所謂「開拓民」的大和商人。如此一來，阿伊努人長期處在藩主與商人的雙重剝削之下，生活習俗與民族文化均受到嚴重打擊。

分離。這股鹽味濃入空氣中，再藉由鼻腔渠道灌進腦門裡，我感覺自己彷彿成為一種自然介質，於左右兩側的山水之間建立起緊密連結。

　　從留萌去往鬼鹿仍有二十五公里，出於對「鬼鹿」奇特地名的好奇心，我特地在海平面上霞光完全沉落以前，加速趕往一探究竟。鬼鹿村子面積極小，南北貫穿距離不過一公里多，唯一的便利商店及加油站，分別坐落於村子的頭尾兩端。北邊村口有一塊海水浴場，灰質細沙在多半是礁岩地形的北海道海岸，實在難得。柔綿的沙灘成為三週以來，頭一次在外露營的高級軟臥。夜裡，海風拂動輕柔而和緩，浪波於潮汐作用的推動下，濤聲形勢剛勁，帶有節奏感的深沉律動。我隨這般海潮的心跳聲入眠，月光下的影子，被海流徑直引往墨黑的洋端。

第三章

北海道

一

Onishika minatomachi → Nemuro shi
137 hrs / 675 km

早晨的天氣不陰不晴，天空中層雲堆積扎實，或者過上半天時間便要降雨。昨晚於沙灘上露營時，除了我以外，還有一位騎乘摩托車「北海道一周」的日本人。我們原先約定早上七點鐘起床以後，一同享用早餐並相互分享彼此的旅程。但當我猛然驚醒時，錶上指針剛剛掠過八點，拉開帳篷早已不見人影，這似乎是旅途中聚散離合的常態。當各方條件契合之際，或許就能遇見意氣相投的朋友。

出發沒走多遠，右側山坡開始出現零星的風車，風車後頭是遼闊無邊的牧場，成群奶牛於草野間漫步，咀嚼著海風醃製過後的草原。道北的景致，擁有自然裡的從容優雅，很容易教人忘卻時間作用、空間的臨場。倘若能讓人從這份虛幻重新回歸現實，唯獨具有北海道特色的平緩上坡吧。稱之為平緩，所以並未讓人產生直接下車推行的念頭；但騎行之際，卻又彷彿永無止境的陡坡。這樣一番心境，好比男女之間縹緲的曖昧情愫，既難以取得直截了當的答案，又不甘寂寞而刻苦追尋。

然而，奔向北方的路程雖然辛苦，卻不孤獨。途間雙向車道許多急駛而過的摩托車騎士，總會在擦身時熱情地豎起大拇指，或者露出結實臂膀，做出誇張的加油手勢，這便屬於騎行者之間一種慷慨的支持。接近傍晚路過「天鹽」以後，重回海岸線上的欲望強烈，因此，寧願繞上一條遠道去往「稚內」，也不想再次進入重疊的山巒捷徑。

當抵達稚內西岸的海岬，於東側草坡上，首先一躍而出幾頭野生梅花鹿。生活當地的「梅花鹿北海道亞種」，又稱作「蝦夷鹿」，牠們更像是北海道真正的主人。鹿群偶爾出現在陡峭的山壁，有時群體阻擋著前方道路，或者肆意進入路旁民宅的後院裡吃草，而人們似乎對這幅景象感覺習以為常，如同這裡的觀光宣傳標語一般「神奇！美麗！讓您滿足的北海道！」

北海道環境令人滿足的不僅只有人們，還有那些生活於此的栗鼠、紅狐、棕熊、梅花鹿……人與自然的和諧共存、人與萬物的自然共生，於北海道不再成為單純的想像，而是一種得以具體感受的真實。

青春、性別與旅行

　　繞過分隔日本海及宗谷灣的岬角，前方是日本北方的重要港灣「稚內港」，這裡是隔著宗谷海峽，遠眺俄羅斯庫頁島的「國境之都」稚內的門戶，以年平均超過四千艘以上外國商船的吞吐量，與超過七萬人次外籍人士登陸的國際貿易港聞名。

　　當我進到稚內市區內，時間已將近晚間八點。從白天離開鬼鹿到達這裡，總共一百六十五公里路程，再度刷新單日最長的行駛距離。呈現下弦彎月形狀座向，城市依山傍海落在日本國土頂端，建立起龐雜的人類文明；市區裡的稚內車站，是JR鐵道日本最北端的站點。用了整整三週時間從東京來到北國極北處，因為地理位置標誌的特殊意涵，讓這趟日本之旅產生第一個深刻的意義。

　　隔日，繼續朝向東走，位處宗谷海灣峽岸東端，是北緯四十五度日本最北端的海岬「宗谷岬」；它與庫頁島直線距離僅僅四十三公里，於天氣明朗之時，或能望見對岸的陸地輪廓。此時天氣陰沉、密雲不雨，海風由北面捎來幾許寒意。八月底的北海道已經正式入秋，白天氣溫大致仍有二十二度，一到夜晚，僅剩下十五、十六度左右。海岬邊上的「宗谷」，是著名探險家「間宮林藏」的渡海之地，他於江戶末期受命幕府，組織一支探險隊渡海前往北方，不僅在一八〇九年發現間宮海峽（韃靼海峽），並首次確認出樺太（庫頁島、薩哈林島）的地理位置，以第一位成功渡海的冒險家姿態，從此留名青史。

　　因為海岬氣溫異常寒冷，所以我在宗谷岬僅作短暫的停留。岬岸落山風盛，面對海峽身後的宗谷丘陵，是一萬年前地球最後一次冰河時期，所遺留下來的冰河地形遺跡。丘陵地勢和緩綿延，景色宏偉壯闊，因為人煙稀少幾乎未曾開發，所以完整保存著當地豐厚富饒的自然景觀。在宗谷岬停留的時間，遇見兩位日本男孩，他們停佇在我的自行車旁，仔細端睨後架關東旗上所寫的漢字。待我靠近以後，才發現原來是昨天於海岸公路騎行時，其中兩個路過給我熱情加油打氣的人。

昨日的一面之緣，彼此又同為騎行者，讓今天的偶然相遇分外親切熟悉。他們年紀很輕，看上去像是大學生或者剛畢業的高中學生，目前也正在進行摩托車環日騎行。其中一位身著翠綠色短袖，帶有扶桑碎花圖案的男孩，若不是摩托車上掛有一面「日本一周、大阪發、7/28」的白板，從他敞開的上領及裝扮，真以為是來自遙遠的南島沖繩；而另外一位，黑色加厚版羽絨外套，外頭罩著一件亮綠色風衣，同樣載有一面「日本一周中、兵庫縣、73日」的板子，這身衣著打扮在氣溫寒冷的北海道就顯得正常許多。

　　他們兩人的反差感令人印象深刻，彷彿一個來自炎熱夏季，另一個處在嚴酷寒冬。更令人心生羨慕的，反倒是表象背後那段屬於兩個男人一同經歷的旅程。所謂的共同經歷，對於男人之間友情的延續，是一種維持良好發展的必要條件。根據性別心理學研究「女孩之間的友誼能否存續，關鍵因素在於她們是否努力在電話裡聊得更多。」反之，談話對於男孩間的友情，似乎絲毫產生不了任何作用。「支撐男孩友誼的，更多是一起活動。」因此，男人的友情連結更多在於「共同經歷」些什麼，而非「共同談論」些什麼。這項驚人的性別差異研究，似乎說明男女表現出來的行為反應，以及現象背後的原因。雖然無法確定，這段共同經歷對於他們彼此的人生來說，是否會產生任何形式的改變。但從友情層面而言，兩人生命的短暫交織，必然屬於一生難得的體驗。

　　離開宗谷岬，下午的路程除了海港、山巒、牧場，再沒有更多自然以外的景致。面對這般渾然天成的安適，旅途中的意外驚喜，是來自鄉村道路間忽沒忽現的狐狸蹤跡。北海道狐狸又稱為「北狐」、「蝦夷狐」，屬紅狐的亞種，最大特徵是四肢下半部毛色深黑，彷彿穿著半筒長靴一般，模樣十分討喜。北狐在自然環境保護較為完善的道北及道東，幾乎是隨處可見的動物，沿途經常能夠於路旁草叢堆裡，發現袒露半側背脊、毛色金燦的狐狸蹤影。北海道的戶外野生動物，多半並不怕生，甚至表現得從容優雅，總讓人感覺自己才是擅闖自然境地的不速之客。

（上）北海道野生梅花鹿。
（下）日本最北端宗谷岬。

愛爾蘭人

在二三八號國道朝東南方向，前往東浦道路是條蜿蜒的矮林。盤山路上，偶遇一位步行的中年大叔，他身後手拉一台買菜推車，上頭吊掛幾串鈴鐺，從遠處就能聽見鈴鐺左右晃動，進而發出清脆含有節奏的「叮噹……叮噹……」聲響。

這位來自愛爾蘭的大叔，在日本工作、長期定居東京。這次計畫利用假期時間徒步環行北海道，幾天以後抵達稚內，便完成了他的徒步之旅。當我們在這條人跡罕見的路上碰面，他頭一句話便是問我：「遇見熊了沒有？」這的確是非常「北海道式」的問候語，我被這突然的問候逗得樂不可支，而他說再往東邊走上幾天，接近知床半島時或許就能碰見了。緊接著，開始描述幾天前遇見熊的場景：「很高、很大，但我總感覺是隻躲人的玩偶。」他的興奮之情表露無遺，夾雜幾分希望我也能遇上的期待。

大叔是個非常有意思的人，每次談論起熊的時候，臉上總是洋溢著飽滿笑容。而當我說想把兩人合影寄送給他時，他便由肩上厚重的登山背包裡，從中取出一冊筆記本，詳細地記錄下我的名字。筆記本上是好幾頁密密麻麻的文字，每行文字上端都標註著日期，有些側頁還畫有素描插圖，是一些雜亂線條組成的植物或景觀。他的行為表現，使我想起美國作家Jack Kerouac筆下的《達摩流浪者》4。在那個「垮掉的時代」裡，人們主動選擇擁抱一種離經叛世的生活，拒絕主流文化所傳達的價值觀及話語權，反對一切物質主義，主張進行深度的精神探索。後來，人們從「垮掉派」進入「嬉皮士」的轉變，在精神上成功完成一次內在的自我價值轉換，這個改變過程，便是仰賴旅行這種自我探索的方式進行支撐。

而我眼前的愛爾蘭大叔，或許在年紀上便曾經歷這段社會價值的過渡時期。他的旅行方式給人感覺，便帶有幾分刻苦行者的禪意；藉由他揣懷手裡舊式相機的取景窗中，似乎能夠輕易捕捉時代的痕跡。而他的旅行方式，也正是我所冀及，帶著意識旅行的達摩流浪者。

不速之客

　　晚間在「濱頓別町」的運動公園紮營炊飯時，側方的草坪上，正趴臥著一隻慵懶的北海道紅狐。紅狐的琥珀色眼珠在微弱街燈照映下，折射出燃燒般的金燦目光，瞳孔因為四周的黑暗而綻放，呈現出璀璨與黯淡的衝突結合。我被那深邃而炙熱的目色吸引，或許因為牠本身便代表著自然界之物，而自然並不存在所謂的衝突，不可調和的對立思想，是藉由人們主觀意志所產生的。

　　忽然憶起從前學習中國哲學的時候，總認為儒、道兩家的思想表現，便是兩種充滿對立的價值體系；一方提倡心懷天下的入世哲學，而另一方追求齊物逍遙的精神超越。但後來逐漸理解明白，標幟一個人思想上的成熟性，並不在於凡事企求問題唯一的標準答案，而是能否在腦海裡，同時共存兩種價值相互背離的思維。個人往往容易過度追逐單一價值規範，進而忽略不同思想所折射出的多元標準，所謂衝突的產生，似乎便源自這樣一種無理的自我堅持，進而導致無止境的分歧、爭執、衝突、鬥爭。我甚是喜歡於自然的接觸中，學習到一切難得的經驗，當置身其中時，總能讓人感受出很多的啟發及體悟。

　　蟲鳴蟬語是夜裡的搖籃曲，鳥啼花吟是夙興的晨歌，而通常晨歌的演奏者，往往是一群披著黑而透藍羽衣的行者——「烏鴉」。早晨，帳篷外頭傳來「窸窣……窸窣……」的雜音，聲響持續很久，直到我拉開帳簾探去，才發現昨夜放置車框裡的水果、零食及垃圾，全都遭受烏鴉的無情分解；香蕉皮、塑膠盒、雞蛋殼散落一地，四周一片狼藉。日本烏鴉數量之多，好比台灣隨處可見的麻雀，但在台灣做為不祥之鳥的徵兆，於日本似乎卻享有截然不同的待遇。

　　根據日本神話古籍記載，日本人對烏鴉的崇敬心理，或能追溯到神武天皇的淵源。當日本第一位天皇神武天皇展開東征，一路從日向（宮崎

4.《達摩流浪者》是垮掉派作家Jack Kerouac的自傳體小說，是一本內容關於自然精神、生命探索與禪道思想的小說，講述一九五五年兩個熱情洋溢的青年追求真理以及禪理的過程。

縣）征戰至大和（奈良縣），抵達熊野一帶的山林時，獲得神祇遣派的一隻靈鳥領路，便是「八咫烏」。傳說中八咫烏具有三隻腳，而位於和歌山縣田邊市的「熊野本宮大社」，裡頭所供奉的主神「家都美御子大神」，有一說法便是太陽使者八咫烏的化身。在當地文化習俗中，烏鴉更被視為一種鎮壓孤魂野鬼的神使膜拜。

　　而當我面對文化神使的「粗魯」拜訪，終究只能選擇入境隨俗，默默地接受這首晨歌的歡呼，坦然視作某種替旅行帶來的吉祥徵兆。

夢想蒐集者——「Yasahiro Ogawa」

　　道北沿岸坐落許多天然牧場，牧場裡生產直銷的霜淇淋，又是北海道另外一面獨特風景。螺旋狀乳香四溢的霜淇淋，口感柔嫩而綿密，我幾乎沿途經過的每座牧場工廠，都會駐車停留購買一支「白色鴉片」。未經人工添加的北海道霜淇淋，無論口感或是味道，總能令味蕾為之驚豔。入口之際，凝狀的乳霜化於唇齒，在舌尖與舌根間綻延，來自北國海岸天然牛乳的氣息，彷彿整頭乳牛徘徊於頰腔內踏足。我深愛著道北的自然萬物，也深愛這般繞繚的濃密，即便頂著低溫於瑟瑟寒風中顫抖，也甘願以氣味的方式記憶著北海道的一切。

　　歷經一天的騎行，在傍晚進入雄武市區結束，原先計畫於村鎮以南「日出岬」的會館裡，洗上一趟溫泉以後再擇處露營，無奈來回折騰許久，也無法順利找出地圖標示會館的正確方位。暮色逐漸朝往西側的丸山沉落，我帶著時間的焦迫感，奮力地踩下踏板，沿雄武高中旁的陡坡逆行。高地上，放眼能夠遠眺山腳市區，再遠些狹密的一抹藏藍，便是鄂霍茨克海峽。「風之丘公園」內的紀念廣場，成為當晚無意間落腳的營地。此刻當我抬頭望向遠方天際，暮光早已將雲團燒得通透火紅，雲層沉積分外厚實，從裡到外好似火候烘烤失序的千層酥。我靜靜欣賞眼前自然幻變的神奇景象，旅途裡一切最好的安排，可能都躍現於原本以為的彎路上。

　　夜半，零星雨滴落在帳篷外頭的泥地，水露滲進土壤，化作大地的

與Yasahiro Ogawa。

愛爾蘭大叔。

氣息吞吐而出。我嗅著這股氣息不免感到擔憂，憂心於明日的騎行天氣或許不佳，因此產生低落情緒而微微失眠。

隔日早晨，尚未打開帳篷便聞來山鷹的呼嘯，是一種帶有尖銳撕裂的長吟。我探出頭去，兩隻成鷹於晴空裡盤旋，或振翅、或翱翔，或使疾風穿梭在肩羽、覆羽及尾羽之間；帶有睥睨大地的孤傲目光，激起我內心潛藏的豪情，以及遺世獨立的感懷。昨夜雨花落入大地以後，如今化作真正的璀璨盛開，眼前成片草場布滿黃雛菊的燦爛，成為藍天綠地間的無瑕點綴。

去往紋別的路途，遇見一位夢想的蒐集者。十九歲來自北海道本地的Yasahiro Ogawa，正在外地東京求學，目前利用暑假返鄉期間，騎乘自行車環遊北海道一周。他由對面車道朝我的方向駛來，伸出穿戴騎行裝備的右手緩緩揮舞，笑容裡充滿蓬勃朝氣，好似漫畫裡幹勁十足的陽光男孩。他來到我的前方停下，車未停妥便迅速拋出一連串的疑問：「你是在環日旅行嗎？」、「這輛車沒問題嗎？」、「車是在哪裡買的呢？」、「是哪裡製造的呢？」感覺他對於我的好奇，不如座下這輛自行車。畢竟鮮少人以自行車環遊日本，而選擇以菜籃車做為交通工具，似乎更加奇異。

我們在路邊駐足許久，從天氣、路況、騎行經歷到自行車品牌，閒聊足有半個鐘頭以上。陽光跟他的熱情一般熾燥，而活力散發又感染著我的情緒，忽然他從自行車旁懸掛的鞍袋裡，抽出一本黑色素雅的畫冊。畫冊打開，是一頁又一頁來自不同字跡的留言及簽名，有短句、有插畫、有圖像，似乎還有幾首俳句。

「寫下你的夢想吧！」他說。

我接過畫冊，翻閱開來略數大約蒐集來自一、二十個不同人寫下的夢想。

「這些夢想都是你沿途所蒐集的嗎？」我十分驚訝地詢問。

「是呀！我一路上蒐集了這麼多不同的夢想，這是除了騎行以外另一件有意思的事情。」

我並沒有接續詢問，他為何如此熱中於蒐集別人夢想的動機，但做為一個純粹夢想的蒐集者，似乎容納了世界的無盡可能。有些事情倘若非得弄得清楚明白，反倒失去其中的純然樂趣。好比我們於童年之時，所言所行幾乎未曾考慮過所能帶來的「效益」，從中獲得精神上愉悅喜樂，才是決定行為的唯一動機。而這般純粹精神的企求，讓我們不停留於自我的內在縮限，真正脫離雜亂紛擾思維的左右。他的行徑充滿渾然天成的真實，在一位十九歲男孩身上，呈現某種超然脫俗的純真。當他問我：「完成日本的騎行以後，下個計畫準備要去哪裡？」

　　「大概是蒙古吧。」我回應。

　　「為什麼想去那裡？」他接著又問。

　　「也許是因為幾年前看了一部電影。」草原影像使我感覺自己身上的血液裡，似乎流淌著北方草原的靈魂，而這份渴望的聲音一再於心底吶喊，呼喚著我去往更遠的北方。

　　臨別前，他臉上掛滿燦爛的笑容說道：「很高興認識你，以及你的夢想。」他的笑容很深刻，流露自然的真誠。而夢想的路上，似乎就得經常如此被提醒著，才清楚明白自己所堅持的一切，究竟是為了什麼。

我理解的幸福

　　從湧別到網走的路段，地勢起伏越漸緩和。沿途會經過日本最大的汽水湖「サロマ湖」（佐呂間湖），同時也是僅次於滋賀縣琵琶湖、茨城縣霞浦的日本第三大湖泊。緊鄰鄂霍次克海峽，佐呂間湖是座呈現東西走向的潟湖，湖水因為混合淡、鹹之間的水域，因此灘岸溼地生長著不少野生蘆葦；據稱，湖名便是從阿伊努語中「充滿蘆葦的湖泊」而來。

　　鄂霍次克海洋水色鬱藍，而我似乎已經漸漸習慣獨自的旅程，情緒不如海水愁鬱，反倒趨近明朗的晴空。每天反覆騎行的日子，使生活逐漸產生某種原始狀態的歸向，失去現實關係的人際聯繫，除了吃飯、睡覺瑣事以外，便是認真感受當下「活著」的瞬間。

料理晚餐的時間，往往總是整個過程裡最為幸福的時光；篷子裡暖和的爐火，加上食材烹煮時四溢的香氣，如果幸福做為人類的終極追求，那麼此時此刻便是衡量自我完滿人生的標準。隨著欲望降低，同時希望自己維持著消耗最低資源限度的生活，潛心沉迷於物質上的追求，並非自己所渴望的理想生活，我所企求一種精神上的持續革命，一種關於世界質樸的真理。

抵達「網走」，川畔河堤成為接續一連三天的營地。我清楚記得入夜以後，蜷縮在堤岸公廁裡，於十二度低溫涼水灌下的冷澡；也記得當時依憑手電筒的微弱光源，照映出冷水觸及肌膚以後，所熗冒出的陣陣白煙。這些特殊經歷，所以視之為一種必然，是唯獨在突破身體的界限以後，才能體悟出其中的深刻意義。那是網走川上粼波折映的月色，是北國大地蒼涼拂掠的秋風，是當下我所鳴放的感官，以及透過感官滲進體內高貴的野性。

北方民族博物館

在網走停留的第二天，六八三號道道引領我走向位在市區西南側的天都山。誘使我作出登山的決定，並不是山頂俯視網走湖之景，而是位在上端，阿伊努文化藏品最為豐富的「北方民族博物館」。北海道立北方民族博物館，是世界上少數、也是日本唯一一座，以北方民族為主題的博物館。館的整體建造形態，宛如飛鳥於空中展翅翱翔；門廳形象是來自北方地區常見的圓錐形帳篷，展館介紹從格陵蘭島愛斯基摩人，至斯堪地那維亞薩米人，以及包含北海道本地鄂霍茨克文明的整個廣泛北方民族文化。

甫一進門，就看見展示廳牆面上，懸掛著該館的精神象徵「阿拉斯加愛斯基摩薩滿通靈者」，依序直豎排列的「人—動物—精靈」木刻像，揭示著北方民族文化的精神樣貌。再往裡走，一張地圖便於眼前展開，有別以往從側面的角度呈現，那是幅以北極為中心的世界地圖，圍繞著北極周圍，則是傳統定義上的北方民族生活圈。

（上）網走市北方民族博物館。
（下）阿伊努民族木雕。

館內藏有豐富的傳統民族服飾，從北歐的Sami人、阿木爾河中游的Nanai人、北海道本地的Ainu人、美洲太平洋北西海岸的Indian人、加拿大的Inuit人以及格陵蘭的Inuit人。而其中讓人印象尤其深刻的，又以Indian的奇爾卡特長袍獨具特色，以樹皮及雪羊毛手工編織的長袍，必須花費至少一年以上的時間才得以完成。另外，加拿大北岸Inuit人的婦女服飾，於後背處掛有一條巨大吊帶，作用是便於婦女背負嬰兒時使用，也充滿生活層面的巧思。

　　圍繞著海洋狩獵文化，於傳統服飾的表現上，則有以海豹皮製成的毛皮服。據說，製作毛皮服的工藝，更有頭製帽子、身製衣服、腿製褲靴的講究。另一個特殊之處，是採用海豹等大型動物消化器官製成的透明腸衣，防水性質巨佳，具有完全浸入水中也不會透溼的特性，充分展現出北方海洋民族的生存技藝。

　　然而北海道當地歷史的特殊性，有別於繩文時代終結以後，便跨入彌生時代的本州，在北海道地區，接續則是續繩文時代的出現，並包含以海洋為主體的鄂霍茨克文化。鄂霍茨克文化的蓬勃發展，自六、七世紀一直延續至十一世紀左右，但後來竟於北海道無端消失，這也是目前文化研究領域裡的一項未解之謎。

　　走過寬闊的長廊，在「北方的精神世界」展示廳裡，豎立著一只碩大的圖騰木雕。木雕為北西海岸印第安人的圖騰柱，以雪松樹幹雕刻而成的柱體，依次刻有鷲、熊、虎鯨、藍面海怪，也充分表現了北方民族傳統的動物崇拜與精靈信仰。圍繞在北海道、庫頁島、阿木爾河……等地區，則是盛行敬熊信仰，在北海道阿伊努文化裡，便有傳統的送熊禮。阿伊努人在野外捕獲的小野熊，會採取人工餵養方式進行哺育，直到在送熊典禮上進行宰殺。藉由繁雜的送熊儀式，其目的是要讓熊的肉體與靈魂分離，將熊的靈魂送往神的國度，並傳遞人類世界是歡樂的訊息，其中也飽含讓熊的皮毛與肉體再度返回人間的期許及願望。

　　總體而論，整座北方民族博物館，充分體現出有別其他地域文化的特殊性，除了服飾、飲食、生活方式以外，也突顯出北方民族依循海洋、

存於自然的北方精神，既有古老的生存智慧，也有現代的技藝承續。生活在地球極端環境的北方民族，展現出關於人類文明歷程裡，一種堅實的生命韌性。

北方民族博物館北邊兩公里處，同樣位在天都山上，還有另一座特殊的展覽館——「鄂霍茨克流冰館」，是能夠近距離接觸流冰與鄂霍茨克海洋生物的地方。館內設有北海道規模最大的光雕投影廳，輪續播映著冬季由北方南向飄洋的神秘流冰，以及鄂霍茨克海峽裡的奧妙生命。

鄂霍茨克海流冰的特殊性，在於所處相同緯度位置的海洋，多數無法於冬季成冰；然而，鄂霍茨克海峽於冬季受到強烈的西伯利亞冷風吹拂，地形上受到庫頁島、北海道、千島群島等島嶼包圍，所形成一塊被封鎖的海峽，因此，每到冬季海水就會凍結，呈現流冰在海面漂浮的景象。

而在這片神奇的海洋裡，生存著一種特殊海洋生物Hadaka—Kamekai（冰海精靈），由於游動時揮舞著身體兩旁側翼，故又被稱作為「流冰天使」。冰海精靈屬於一種不帶貝殼的螺腹足類，透明身體中央有條紅色的消化器官，清晰可見。牠的棲息地在北極海、南極海、白令海等低溫水域，每年冬季會隨著流冰一同出現在鄂霍茨克海域，直到隔年四月份，便又會隨著流冰一起消失，成為網走當地除了冬季海洋流冰以外，又一個特殊奇景。館內的地下一樓，設有流冰體驗館，除了可以近距離觀賞真實的流冰，亦能體驗零下十五度的低溫。在進入體驗館前，入口處會發放一條溼毛巾，用於館內揮舞，並感受毛巾瞬間凍成冰柱的樂趣。

北海道有別日本其他地區，自身擁有濃厚的北方民族文化特色，而網走市在整個道內地區，又能稱作鄂霍茨克文化的代表。沿著北面海洋沿岸，零星出土許多重要研究文物，大約距今一千三百年前，今日的網走川河口，便成為「Moyoro人」（最寄人）的聚居地。隨著由北方渡海移居至此的最寄人，也將獨特的鄂霍茨克海洋文明傳播過來。位在出河口北岸的最寄貝塚，屬當地時代最為久遠的文明遺跡，根據目前考古研究，最寄貝塚一共散落一百三十多個墓葬地，與十三個大型正六邊形豎穴住居；而

每個豎穴住居內，多以數量不等的家庭組成共居生活形態。另外，從豎穴內所挖掘出層層堆疊熊的頭骨來看，當時最寄人文化裡，已然形成具備信仰的文明。

最寄人的安葬方式也尤其特別，死者呈雙手抱胸、屈膝、頭朝西北方位的姿態入葬，並於死者頭部以被甕掩蓋，最終呈現甕底外露、披上墓土的方式埋葬死者。這也充分表明在當時環境裡，人們已從現實中的生存關懷，過渡邁向對死亡世界的認知轉變。

關於最寄人文化的豐富特質，不僅呈現在居住、祭祀、信仰……等等面向，在技術層面上，同時也發展出高度的漁獵生活形態。隨著人們漁撈區域逐漸朝外擴張，整個北海道北部沿岸地區，幾乎也能發現不同程度的鄂霍茨克文明遺址。藉由晚期鄂霍茨克文化出土的陶器製品研究，可以看出與內陸文化交融過後，表現出陸地文明獨特的花紋裝飾；除此之外，還有些許透過貿易手段，從大陸獲取而來的青銅製品，在在說明最寄人不只是單純傳統的原始社會，而是一種高度發展的海洋文明。

雖然，鄂霍茨克文化於千年以前便走向消亡，而這個問題至今仍屬民族學上難解的謎團，但或許在北海道漫長歷史發展進程中，這種獨特的海洋文明並非全盤瓦解，而是在多方交流的過程裡，慢慢融入內陸文化而依然存續。

道北、道東

在此停留的三天時間，網走所展現出屬於北海道獨厚的文化魅力，讓人記憶深刻而難以忘懷。準備離去的早晨，枝頭上烏鴉群聚嘶鳴，與河岸海鷗互相吶喊，彷彿共織著一首歡送的驪歌。

奔往道東路途，是一條舒適平緩的海岸公路，天空明朗萬里無雲，心情也隨之開闊雀舞。經過斜里以後，東北角突出的半島名為「知床」，一九六四年日本基於生態環境保護意識，正式成立知床國立公園。在二〇〇五年世界自然遺產大會中，知床半島獲得納入世界自然遺產項目，同

北海道野生紅狐。

年，以「北半球能見浮冰的最南地區之一」通過登錄。

做為世界自然遺產的知床地區，路線蜿蜒崎嶇多山，考慮此時正值冬蜇前動物的活躍期，而且自行車或許實在難以承受如此山徑，因此，遂轉往二四四號國道，橫穿斜里山脈去往位處東岸的標津地區。通往標津的野付國道寂寥無人，山林裡就連一般過往車輛都鮮少出現，因此不自覺提高對野熊出沒的警惕。「標津町」位處根室支廳中部，北接羅臼町，西北連接斜里岳和知床山脈，即根釧台地，東側為低溼平原面朝根室海峽。天候明朗之際，從海畔便能遠眺北方四島之一的「國後島」。

所謂北方四島，是指地理位置鄰近北海道的國後島、擇捉島、色丹島以及齒舞群島，也是直至今日，日、俄兩國始終存在領土爭議的島嶼。隨著逐漸接近標津街區，道路沿途開始出現要求歸還北方四島主權的標語，從學校、道之驛、公辦建築，再到博物館、鄉土資料館……等地方，各處皆設有北方四島連署請願書，在北海道乃至全國各地，成為道東獨樹一幟的景象。

町的東側有座海潮公園，綠草如茵，汪洋遠眺；佇立海畔更能望見對岸的國後島嶼輪廓，頂上是萬里無雲的天氣，伴隨海風微微拂動，捎來許久未嘗的舒適愜意。晚間，當我情緒歡快在帳篷內料理時，一隻身披金燦毛色的紅狐，逕自走向帳篷門前，在與我僅僅一步之遙距離坐臥。牠或想感染我身上的喜悅之情，或者受到烹調香氣所吸引，在帳篷前方躊躇徘徊許久，猛然一個轉身，迅速叼走門口擺放的拖鞋。當時我為著顧及帳篷內的爐火，無法隨即追趕而去，直到幾分鐘後步出帳外，才發現遇上這般野生「地痞」，所付出的慘痛代價，便是殘存一隻被啃食破壞僅剩底板的拖鞋殘骸。旅程的過程裡，或者淺嘗各種苦笑喜悲，然而面對如此神奇經歷，只能說旅行所帶給人的收穫，往往是超乎想像的意外驚喜。

根室海峽的夜空，繁星壓落在黑潮上端，隨著潮汐漲退，似乎正將星體緩緩吞噬。正逢大潮之夜，整晚盡情於濱海公園的草坪上，聆聽澎湃的浪花拍打著岸邊的礁岩。隔日，我沒敢太晚起床，想貪早趁著退潮時分，下到岸邊嘗試捕撈一些受困岩間的魚蝦海味。然而，千算萬算精不過

當地的鳥群，我的打撈計畫畢竟還是遲上烏鴉、海鳥一步，沒能順利抓上海鮮。不過，倒是意外發現成堆被沖上岸的昆布，一股濃郁的鹽味彌漫海岬，我在岸邊堆積的昆布山裡，揀出幾片新鮮幼嫩的昆布苗，打算回頭往車上一放，烈日曝晒以後便成為沿路的天然點心。

位在道東東南端，與知床半島相對映的是根室半島，或許於國際知名度上，並不如世界自然遺產知床來得響亮，卻擁有領土的東方之極「納沙布岬」。上午走過野付半島包覆的海灣，下午繞行風蓮湖內側的山徑，去往根室方向的路線依舊艱辛。沿途似乎因為請願運動越趨興盛，更多的領土請還標語豎立眼前。日本，大抵是與鄰國具有領土爭議最多的國家，不僅與俄羅斯之間的北方四島問題，與韓國有獨島爭議，與台灣、中國則有釣魚島衝突。從整個道東沿岸，北方的領土問題陸續浮現，而抵達根室，更可稱作北方領地請願運動的核心，從街道延伸城市，由學校乃至政府機關，無處不見這項國民運動的推進及展開。

北方四島領土爭議

關於領土意識的培養方式，日本政府法定每年二月七日為「北方領土日」，目的在於教導國民，國後島、擇捉島、齒舞群島及色丹島，這四大島嶼是日本的固有領地。而這場日、俄之間的領土紛爭，或可追溯自一八五五年起，日、俄兩國簽訂《日俄通好條約》開始，首次將整個千島群島劃為南北各自瓜分。到了一八七五年，《庫頁島千島群島交換條約》的簽署，讓日本以南庫頁島交換整個千島群島的主權。三十年後，一九〇五年日俄戰爭日本勝出，《樸資茅斯條約》再度使日本重新拿回南庫頁島的主權。之後，隨著二戰結束日本無條件投降，在一九五一年簽訂的《舊金山合約》安排，日本放棄一九〇五年後取得的所有領土，當中便包含整個南庫頁島與千島群島主權。

而日本目前活躍的北方領地請願運動，正是基於過去曾有效治理北方四島的論點，因此認定其為日本之固有疆域，並主張二戰後領地返還的

條約內容，其中並不包含南千島群島的四座大島。依序下來，日本主張的邏輯似乎略顯荒唐。當東亞帝國戰爭失敗收場以後，於國際條約上便展開文字周旋，直至今日，日本政府尚且不願從正確角度理解過去，一面對內進行掩蓋是非的歷史教育，一面朝外採取無理的政治訴求。一個政府倘若不願面對歷史真相，又如何肩負起政治大國的典範。

　　離開納沙布岬，我再度折返根室灣重新回到市區，海岸的雨水滋潤著兩旁牧場，同時也浸漑我全身的肌膚。鄰近市區處，陸續出現幾家溫泉會館，此時，猛然驚覺自己應有半個多月時間沒洗過舒服的熱水澡，尤其懷念入池瞬間那種通透的淋漓暢快。在日本各種消費水平都很高，唯獨洗溫泉這件事情上，似乎是國民休閒而相對費用低廉。至多不過四、五百日圓的入場價格，真正算是旅途上的小確幸。隨著入池剎那間釋放的疲勞感，也替根室半島之旅畫下一個完美的句點。

第四章

北海道

二

Nemuro shi → Hakodate shi
165 hrs / 802 km

從根室去往釧路的四十四號國道，一百三十公里路程遙遠而荒涼，沿途是許多牧場砌成的景象，空氣中依然彌漫著濃密的奶香。南端厚岸灣的天空布滿陰雲，沉澱的灰慘淒涼了海畔參差的矮房，依傍山側的公路，隨著緩坡呈現出海拔高低落差。我停佇在公路的高點，瞭向失去陽光眷顧而慘澹的水色，萬物彷彿沒了生氣，我也感染困乏的生息。

大約傍晚四點，經過「尾幌」的根釧國道，一路徑直通往山區。此時，與釧路仍有五十公里距離，若按照平常的速度前進，至少還須騎上四個鐘頭才能抵達。我在心底如此盤算著，倘若天色昏暗之際，仍然無法順利穿越眼前這條山線，便很可能需要留駐在山林裡紮營。秋季的山區，除了落日後直線降低的溫度以外，野外大型動物更是一種潛在威脅。面對能夠負荷的登坡路上，我依然繼續奮力堅持，彷彿化作一名遍路行旅的僧者，一步一印踏下屬於生命的狂歡。

山林高處，空氣溼潤產生霧氣凝結，霧靄在兩側森林間形成一道一道白牆，我自由在幻牆間前進穿梭。霧牆並非真能阻擋道路的去向，而是藉由步行方式，迫使我放緩腳步仔細觀察眼前霧的形體。如果騎行對旅程而言，是一種放緩時間的方法；那麼徒步，似乎更是對空間環境的凝視。滑過幾道盤蜿的下坡路段，進入「別保」以後地勢趨於平緩，街燈在一個多鐘頭前便早已點燃，橙黃燈色從南到北，暈染著整座村莊。

霧都——「釧路」

「釧路」是道東第一大城市，同時也是北海道內僅次於札幌、旭川、函館的第四大都市。由於地理位置特殊，每當夏季南方暖空氣抬升、北方冷空氣沉降，冷暖空氣在釧路交會之時，便形成季節性的霧氣彌漫景象，因此，釧路又有「霧都」的稱號。霧都的空氣豐厚潮溼，即便並無下雨也能感覺水氣包覆著身體，彷彿重新回到飽盡滋潤的南方國度。

隔日早晨，從帳篷、地墊、睡袋自下而上透出陣陣涼意，一股寒氣席捲全身，而當我醒來查探時，才驚覺昨夜凌晨入睡以後，外頭竟然驟起

豪雨。雨水順沿公園涼亭棚頂傾瀉而下，隨著地勢在帳篷底部形成匯集，一窪淺淺的積水層層滲透，最後浸溼整個睡袋。

當下情況因此變得有些窘迫，可能接續幾夜我必須依靠體溫，來蒸散水氣溼漉的睡袋，又或者必須接受可能發霉的事實。但是即便如此，旅程依然得繼續下去，哀嘆似乎不足以做為心情頹喪的理由。經過簡單的擦拭整理以後，情緒轉為一種深藏心底的無奈，無論是喜是憂，這般經歷最終都是自己選擇的過程。而那刻似乎讓人明白，倘若是依照自我意志付諸的行為，就算過程艱辛刻苦、代價高昂，也會對這般體驗甘之如飴，因為並非錯失或者躊躇造成的遺憾。

烏雲依舊壓得很低，從北側的山脈一直延伸至海岸。位在市區東南方的春採湖，是日本國家天然紀念物「緋鮒」的棲息地，呈東北朝西南座向的湖泊，湖端彷彿顯露出一顆完整心形。湖央中段是春採公園，而「釧路市立博物館」便安座在公園山頂，沿途所參觀過的博物館數量並不少，但釧路博物館無疑是其中最具設計感的一間。

我對日本博物館的規劃設置深表佩服，裡頭除了基本古籍文物的展列功能以外，通常設有非常多的影音體驗及互動專區。藉由實際操作的過程，讓歷史文物不僅是靜躺在櫥窗的展品，而是可以親身接觸操作的物品。對於幼童甚至大人而言，博物館成為親近豐富的場所，真正走入人的現實生活當中，而非生硬的歷史紀錄。

進入釧路博物館，首先是飽含線條感的現代設計大廳，以黑白雙色基調構建的展館，擺有巨型抹香鯨骸骨、海獅、北海道岩蟹……等物種標本，充分體現出這座城市海洋生態的豐富性質。館內樓層劃分，依序為自然生態、近代文物、阿伊努文化三層。二樓以近代太平洋戰爭為開端，包括一九四五年發生的釧路大空襲，圍繞二次世界大戰歷史，藏有非常多當時遺留下的文史資料，以及一小部分本地出土的繩文文化遺跡。

隨著旋轉樓梯上到三層，是以阿伊努文化為主體的展覽館，記錄著北海道阿伊努人食、衣、住、育、樂各個層面的生活形態樣貌，值得一提的是，樓層內側還設有一處丹頂鶴展示館，在釧路市區北面，有一大片自

然溼地保護區，是北海道面積最大的生態觀察區，同時也是丹頂鶴的生活棲息地。當我步入展館時，才想起昨天路上叢林裡隱約探見兩隻紅頂白裳的影子，原來竟是撲凌展翅、體態柔美的野生丹頂鶴，不免萬分驚喜。

離開博物館時，已是下午兩點鐘，從釧路距離明天目的地「帶廣」仍有一百二十公里。貪著天色尚早，遂繼續向西趕上幾個小時路程，想於白糠町停留一晚，縮短隔日的里程。

旅途間，左側海面上空的雲層逐漸散去，露出幾抹淺淺的蔚藍，我朝往前方山巒，試圖走進暮光的餘暉裡。此刻，感覺自己的腳程比一切都快，海風不及前後擺動的肩頭；感覺比一切來得真實，奮力完成每次心跳，奮力留下僅屬於我的軌跡。或者那是一種不急不躁、無慮無懼的坦然，又或者成為一名純然從環境裡感受，而非企圖掌控把握的行者。

隔天，重複不斷爬坡、下坡、爬坡、下坡的過程，使我學會了妥協。遇見上坡路段，已經鮮少出現最初那般死嗑的莽勁，即便拚命登上坡道以後，仍會有無盡的山路在前方等待，不如下車慢慢推行，也算對自己採取仁慈一些的態度。雖然，登山耗費掉不少時間，從白糠町抵達帶廣卻意外地比預期提早近一個鐘頭，當距離市區十五公里左右時，天空下起一陣豪雨。猛然雨勢彷彿回到仲夏午後，伴隨閃電雷鳴，氣勢凌厲，讓人分不清究竟落下的是雨水，還是冰雹。

起先我任由雨水淋落，想順便沖刷身上積留的汗漬，後來隨著形勢驟強，便趕緊停下車輛換上雨衣。當我準備再度冒著雷雨前進時，腳底踏板卻變得格外沉實，低頭查探，才驚覺後輪被重量壓得平扁貼地，心想應當是爆胎了。洩了氣的後輪彷彿與地面黏著，將我滯留在滂沱大雨裡。面對意外狀況接踵而至，這時往往考驗的便是心理素質。雖然當下天候極差，又遇上車輪爆胎，卻未產生特別淒涼之情，反而於心底暗自慶幸，自己早已順利地駛離山區。

警告標語。

領土最東端-納沙布岬。

阿伊努朋友

　　記得幾年前在川藏旅行，也曾碰過類似的狀況。當年一路搭著便車從成都、麗江、德欽、理塘穿越青康藏高原，逆行走完整條滇川環線。在最後的回程路途上，攔到一輛藏族師傅駕駛的砂石車，我與另名同伴，以及開車師傅和助理四人，蜿蜒在平均海拔三千多公尺的公路上。

　　途經某座啞口時，側方突然傳出一聲轟隆巨響，前方車輪隨後發生爆胎，那時的我們正行駛在車線外道，與左側懸崖僅僅一公尺距離。當下我與夥伴嚇出一身冷汗，反觀身旁的兩位師傅，臉上表情卻是輕鬆淡然。我們四人隨即跳下車輛，準備從備艙抬出碩大輪胎替換，但折騰了半天時間，連抬起輪胎都顯得格外困難，遑論是更換上備用輪胎。當時高原氣溫隨著霞光逐漸昏沉，我不免緊張地詢問師傅：「我們今晚會受困山上嗎？」只見他態度自若地回答：「沒事兒，走這條路線經常得遇上點情況，受困二、三天也是正常的事。」

　　我們雖然落在杳無人煙的高原地區，並且又受困在懸崖道旁，但這些情形似乎遠不如他的淡定神情所帶給我內心衝擊來得強烈；那種面對意外的坦然態度，與渾然天成的樂觀性格，兩者至今依舊深刻烙印在我腦海中。倘若將旅行視作一種修行，必然伴隨學習這種淡然處事的態度，途間經歷的各種心酸苦澀，讓人明白若想成為優秀的旅者，需要能夠拉開凝視自我的距離，去靜觀意外發生的一切，去接受自己內心的堅強與軟弱。

　　我推著自行車，走在通往市區的三十八號國道上。兩旁田園裡稻穗及菜苗，被雨水打得彎下腰來，它們並非垂頭屈從，而是理解順應自然的法則。一路步行十多公里後，路旁終於出現一間自行車店，憑藉著比劃與單詞，付出三千圓代價替車胎打上補釘；可惜的是，當我滿心歡喜離開修車店不遠，行駛大約五、六公里後輪再度爆胎。我深感無奈的原路折返，趕在關店以前回去修理，而匆忙推開大門瞬間，老闆也一臉尷尬地看向自行車。我想自己的焦急顧不上他的情面，最後，再次替我打上免費補釘，我也帶著這份心意，繼續踏上這段崎嶇的旅途。

從道東通往道西的方向，中央被南北座向的日高山脈給阻絕。通過的路線大致分成三條：一是從帶廣一路南向，經過更別村、廣尾町，繞過最南端的襟裳岬，再朝苫小牧的方向前進；二是走二七四號道道，直線向西穿越日高山脈，前往千歲；三是往西北翻過狩勝山，抵達十勝岳及蘆別岳包圍的富良野盆地，而後經由三十八號國道重返石狩平原。基於時間成本考量，最終以地圖上距離最短的第二種方式，做為橫越山脈的選擇。雖然這條路線非常艱辛，但若能直線穿越的話，或許能夠省下整整一天的時間。

　　出發至今一個多月裡，每晚仍舊重複經歷著肌肉使用過度，導致半夜抽搐而痛醒的過程，那使得白天精神總顯得有些渙散。但即便情緒低落，依然還是必須打起精神，去面對自己所選擇的路。

　　公路在清水町呈現分岔，一條是去往富良野的三十八號國道，一條是通往日高町的二七四號道道；而岔路處旁的告示牌上，顯示原先計畫行走的二七四號道道，因為土石流坍方封路，使得路線突然又面臨改變。

　　我呆坐路旁，想著是要往北向富良野而去，或是往南朝向襟裳岬，唯一的不同之處，似乎只在看山與看海的區別。此時，一輛寶藍色轎車由眼前擦身而過，一隻手由副駕駛座搖下的車窗探出，朝我揮舞。隨後，車輛在前方不遠處停下，步出一名膚色黝黑、面孔深邃的女人。

　　她上前遞出一個裝有飲料及零食的袋子，這才明白是想特意表達支持與鼓勵。我們在路邊閒談，聊了一會兒關於騎行的事，而我始終感覺她的五官輪廓與一般日本人不大相同，雖然顧及貿然詢問有些失禮，但又禁不住內心好奇問出一句：「請問妳是日本人嗎？」

　　她好像並沒有因此感覺唐突，而是簡單地回答「是的……」，然後彷彿思索著如何解釋自己的身分。我馬上緊接著詢問：「那麼，妳一定是阿伊努人吧？」

　　她對我嘴裡說出「阿伊努」三個字，感覺似乎有些驚訝，可能對於外國人來說，解釋起生活在日本的少數民族，是一件複雜且困難的事情。但我倒是難掩興奮之情，或許北方民族文化於我而言，具有某種強烈吸引

的自然特質；從歷史到文化、從傳統服飾到生活形態，我迫不及待與她分享一路接觸阿伊努文化的心得。或者，是出於深沉的熱愛與擔心，如此豐沛的北方民族精神，有一天也將面臨現代化衝擊而消散，那麼，這將是歷史文明裡的莫大遺憾。

隨著她的出現，鼓舞了我奔向富良野的路，而與另名日本大叔的偶遇，則刷新我對男人瀟灑的理解。下午，盤繞在狩勝山上曲折的山徑，坡度陡峻讓人嘗盡苦頭，我一面數著路邊燈杆上的里程數，一面總覺彷彿永遠停滯不前。就在不知數過多少根電杆以後，一輛黑色改裝轎車疾駛而過，然後猛然在道路旁做出急煞側停。

我前進的速度十分緩慢，但那使我能清楚看清前方的一舉一動；一位戴著墨鏡、身穿皮衣的大叔從駕駛座步出，他側身傾靠，從皮衣的外兜裡掏出一根菸草放入嘴裡，緊接四十五度仰角眺望著遠方，燃起一股惆悵的寂寞。直到我緩緩經過時，才伸出右手示意讓我停下，甫一開口，便是一連串聽不懂的日語，而那口吻彷彿是說「你這小鬼跑來深山裡做什麼！」

擔心有些失禮，我連忙以唯一一句日語：「不好意思，我不會日語」來回應，隨後指向車架上「日本一周、台灣」的關東旗。他接過旗幟看了又看，並沒有再多說什麼，而是隨即走回車旁，打開後座拿出一袋裝有各種零食的袋子，塞進我的手裡，之後便再度揚長而去。他的來去彷彿一陣疾風，既沒有留下姓名，也沒有留下影像，但隨著遠方彎道閃爍的車尾燈，我明白這一點一滴的積累，即便是沉默的，仍然充滿人與人之間熟悉的溫度。

這裡不能洗澡

南富良野夜晚氣溫很低，四面環山的盆地地形，隨著太陽落山以後冷空氣沉降，溫度直逼十度以下。我裹在夏季輕薄的睡袋裡，將所有能夠穿著的衣物都套在身上，兩件短袖、羽絨外套、兩層長褲與三雙襪子，寒冷的感覺依舊明顯。雖然一路過著洗冷水澡的生活，抗寒能力似乎也因此

與阿伊努朋友Emiko。

提升許多，但騎行的三個多月時間，竟會遇到如同嚴冬般的低溫，自己也是始料未及。

出了南富良野村町街道，爬越幾道緩坡，繞過幾條大彎，過了富良野樹海森林以後，便是穿梭在兩側田間筆直的狩勝國道。持續一個月時間，每天近乎九個鐘頭的不斷騎行，使我感覺自己體重下降不少。相較於騎行、露營、導航，在吃飯這件事情的安排上，選擇則相對容易許多，差不多分量的便當內容與食材，熱量標示最高的永遠是優先選擇。而褲頭緊繫的褐色皮帶，為著適應日漸消細的腰身，至今已向內鑿過兩個新孔。皮帶表面留有反覆摩擦的印子，洞孔也呈現不完整的切割痕跡，但我甚是欣賞這樣的古舊樸實，每道痕跡裡，似乎都藏有歲月的影子。

抵達瀧川市，也算終於離開中央山區。此時耳機裡頭，不斷重複播放一首〈大雁〉，「朝暮夕春踏冬泥雪，風塵垂淚悲合歡離；風餐露宿思飛攬月，酣醉於世秋夏不容。一群大雁向南飛，一群大雁往北歸……」而我正走在南向的大道上，一路經過砂川、奈井江、美唄，然後於晚間九點抵達石狩平原東部的「岩見澤」。

我在距離岩見澤車站不遠的中央公園紮營，準備洗漱休息時，打開公園廁所裡的水龍頭，竟意外地湧出難得的熱水。雖然溫度不高、水壓也小，但光憑熱水這件事情，便足以讓人興奮不已。自從五天前離開根室以後，便沒有機會認真洗上澡了，在釧路、白糠町、帶廣，這些地方條件並不允許，而南富良野的氣溫又太寒冷，因此，當溫熱水流從指尖滑過時，內心不免湧現一股流淚的衝動。雖然，公園斜對角有間警察局，但篤定著夜深人靜，加上心中過分想要洗澡的欲望，最後仍將自己反鎖在公廁裡，享受著熱水淋浴的暢快淋漓。

廁間角落，有支功用不明的短淺蓬頭，但我想蓮蓬畢竟做為淋浴工具而存在，所以並未多加思索便執起使用。隨後，沉靜在十多分鐘的沐浴時，門外卻忽然傳出間斷「叩……叩……」的敲門聲。聲響於寂靜的夜晚清脆明亮，彷彿於數公里外，都能清楚聽聞這般催喚。驟然的聲響使我手腳慌亂，匆忙朝往門邊應答一句「はい！」以後，便迅速沖洗掉身上的泡

沫，緊接著換上擺放一旁的衣物。當我拉開大門時，一名身著制服、貌似公園管理員的人佇在門外，不知已有多長時間。起先他大概也被眼前景象所愣住，隨後開始朝我告誡一番，雖然我對於他的指教內容既不清楚也不明白，但畢竟行為理虧在先，僅能盡量表現出自己的誠懇與歉意。

　　隔日上午，天氣再度轉為綿綿陰雨，整個早晨呆坐在便利商店裡充著免費電源，直到過午以後，才出發奔往苫小牧。一路上衣服未曾保持乾燥、雨也從未停歇，頂著細雨寒風，依靠腦海裡不停轉動來分散注意，才稍微忘卻正在經歷的這般辛苦。道央二三四號國道，途經不少牧場與田園，半個月前兩側農田還是一片綠意油亮，而半個月後再度回到南方，田野早已滿片秋黃。再等上兩個禮拜，便是秋收的季節了，可以想像北海道的秋季，稻荷飽滿、糧倉豐碩，應該也別具一番獨特的滋味。

第二次爆胎

　　鄰近海洋的港灣都市「苫小牧」，是回程路途第一座經過的大城市，因為占有全日本超過三成的紙產量，因此又有「紙都」之稱。呈現東西狹長座向的地理位置，北面緊鄰新千歲機場，加上政府大力建設的苫小牧港，使得這裡成為北海道重要的綜合工業基地。

　　進入市區以前，遠遠便能看見造紙廠裡矗立幾座紅白相間的高聳煙囪，陣陣濃煙朝南奔放，據稱這是當地的著名象徵。而我身上的衣褲甚至行李，早被沿路雨水浸溼，在海畔冷風的迎送下，身體不自覺開始打起寒顫，一面頂著寒風瑟瑟發抖、一面遊蕩在市區街道。總歸來說，低溫或成為目前最難克服的問題，相比飢餓與炎熱，寒冷總能給人帶來更為深刻的絕望。

　　國道三十六號從苫小牧的市中心劃過，將城市二分為傍山的北側及靠海的南端。在中央車站和港灣之間，市立美術博物館正坐落於此。秋日的天候，總是充滿難以預測的幻變，前天還因連綿陰雨而發愁，隔日卻閃耀著陽光的從容大方。

　　我趁著天氣正好，將衣物逐一置於公園欄杆及地面曝晒，想使它們

也沾染一點陽光的溫度，主要還是蒸散其中的悶溽霉氣。博物館距離紮營的中央公園不遠，隔著大通道在對角線一側，我將所有物品原地擱置，隨即過到馬路對面的市博物館參觀。打開大門，博物館大堂裡豎立一尊兵馬俑，是中國秦皇島與苫小牧締結姊妹市時，所贈送的象徵紀念。館內從遠古時代生物化石開始，直至近現代出土文物都有展出，而其中最具特色者，是數量豐碩的阿伊努文化藏品。

　　相較北海道其他地區而言，苫小牧博物館著重於阿伊努服飾的收藏展覽，從頭襟、掛袋、草履，再到耳掛、倭刀、瑪瑙項鍊；豐富的衣飾文化收藏，充分表現出北方民族生活精緻的一面。或許因為平常日關係，館內參觀人數並不多，諮詢櫃台還特意指派一位工作人員，全程陪同導覽，讓人甚是欣喜又惶恐。

　　午後，西行的室蘭國道上，既有盤環的山麓平原，亦有明朗的遼闊海岸。方向越往南走，波光灑落洋面越是絢爛，左側大海折射出的光線映得晃眼，我對這般朝氣精神卻滿心歡喜。腳下灰淡的柏油路面，也在陽光烘晒下變得焦黑，某些淺薄部分，崩裂出幾道不規則狀的深陷凹痕。當車輪從凹痕上端輾壓過時，感覺自己距離土地很近，彷彿能夠直直竄入大地的脈絡中，去感受泥壤的香氣。

　　左方堤岸外側沙灘上，有成堆毛色黑白相間的海鷗，或坐或臥，綿延數公里。輪跡一路滾過白老、登別與室蘭，在室蘭市區南端一角，坐落知名景點「地球岬」，據稱由此眺望太平洋，能夠實感地球圓弧的體驗。我雖然時間倉促，未能親臨感受地球之圓的奇景，但室蘭所以仍留給我深刻印象，在於又一次的經歷了爆胎窘境。

　　駛離市區不遠，越往西走越能體現這座工業城市的影子，在膽振國道上，自行車後輪由於承受不住重量再度爆胎。內心或許早已對這般意料之內的事情坦然，唯一難以消解的是，由於並未攜帶任何維修工具，面對突發狀況一切只能聽隨運氣的安排。我推著車徒步走在國道側旁，沿途不少過路人搖下車窗吶喊，熱情地奉出他們的鼓勵，也有那麼一、兩個人，是送上整袋零食和飲水，甚至簡單而直接地掏出現金表示支持。無論透過

言語或者行動，每天騎行路上總能遇見幾個特別暖心之人，藉由這些舉措在心底綻延的情緒悸動，其意義往往多過旅行本身，那似乎讓人明白一個道理，展現自我的良善無關乎對象或者理由，只純粹在於個人的選擇。

從室蘭步行將近二十公里以後，終於抵達伊達市區。這裡正是所屬「伊達氏支系」的伊達邦成，在十九世紀受命於明治政府，帶領家臣來此開拓而得名。進入伊達第一件事情，便是四處尋找修理店，在伊達車站工作人員的協助下，導航去往市區不遠處的一間自行車行。隱身在街道巷弄裡的小店，對於外國人上門修車似乎頗感意外，老闆非常年輕，頭上戴有一頂墨黑的鴨舌帽，經過幾般來回溝通以後，他由倉庫間裡拿出一條「普利司通」車胎進行替換。

約莫半個鐘頭，老闆一面擦去手上的油漬，一面告訴我輪胎已經更換完成，費用一共是六千日圓，這對我來說是筆不小的開銷。心疼三天的旅費付諸流水，我半開玩笑地向他說道：「這輛自行車價值一萬五千日圓，這次換輪胎卻花了六千日圓，幾乎可以買上半輛自行車了。」

而他對於我依靠這麼便宜的自行車環日，感覺似乎有些驚訝，也抱以微笑地回應：「這是條非常好的輪胎，你可以依靠它完成接下來的旅行。」倘若之後兩個多月時間，能夠毫無差錯繼續前進，這畢竟是奢侈的冀求，但又深切希望在他的祝福之下，後段旅行能夠平實而順利。

北韓搗蛋

半個月前走在內埔灣沿岸，季節仍是燥熱的夏末；半個月後依然回到這片海灣，一北一南方向轉換，卻迎來深秋的陣陣涼意。奔馳在噴火灣崖岸山林，一層厚實的積雨雲自西北山脈乘風而來，幾分鐘內天氣瞬息萬變，一時晴朗瞬間便轉成豪陣雨，我在風雨中走走停停，與頂上的雨雲奔跑。下午經過「落部」地區時，正巧碰見村里的神社祭典，沿途不少身著紅、橘、藍三色祭服的人群，肩上扛起神轎挨家挨戶供養奉納，場面十分熱鬧。

拐過落部港邊最後一道岬灣以後，迎面撞向坐落遠方海面的駒ヶ

岳，山岳西側雨過出現一彎色彩斑斕的彩虹。那使我忽然回憶起從前，總以為只要朝向彩虹觸地的兩端奔跑，便能依著霓虹走入彩霞裡，所以奮力奔跑、用力追逐。而這般天真爛漫的想像，當然從未真正付諸實現，但或許過去與現在唯一的不變，是依然堅持走在一條夢想的旅途。

晚間再度回到先前停留過的森町，這次沒有子杰陪同，獨自走在熟悉的街道顯得有些蒼涼，不過精神卻是相對飽滿，因為知道抵達這裡，距離完成北海道一周的目標便不遠了。特意趕在關店以前，去往上回沒有機會品嘗據稱是森町人氣第一的拉麵店，小小店舖裡，樸實無華但擺設格外溫馨。走進大門入座以後，桌上的全日文菜單讓我有些措手不及，尷尬地向老闆說「請來一碗No.1的拉麵」。不一會兒工夫，一碗熱騰的招牌味噌叉燒即呈現眼前。看著師傅將底料大火快炒，再沖上濃郁的味噌湯頭，邊沿擺滿爽口的叉燒肉片及白蔥花，我感覺拉麵之於騎行，好似生活裡的一股滋潤，如此微渺卻又幸福深刻。

隔天一早，清晨五、六點鐘便被外頭的廣播驚醒，急促的警報聲傳遍鄉里，重複播放著緊急避難的消息。離開森町沒有多遠，就在南端國道上偶遇昨日騎行的日本小夥兒，家鄉來自大阪的Akito，現在是北海道大學學生，熱愛戶外活動與騎行的他，趁著暑假也走了半圈北海道。

他很快地從我身後追趕上來，並且熱情送上招呼。

「你聽見早晨的廣播了嗎？」他問。

「有啊，我睡在公園裡，大清早便被外頭震耳的聲響給驚醒了。」我還不清楚究竟發生什麼事，但那感覺好似幾年前在印尼旅行時，隨處可聞一天五次透過廣播定時發送的祈禱通知。

「今天北韓發射飛彈，就從北海道的上空掠過呢。」他仔細向我解釋手機裡的電子新聞，這時我才明白，原來擾人清夢的罪魁禍首，居然是遠在千里之外的北韓。自從來到北海道以後，便感覺天空不太平靜，每天總能看見自衛隊直升機在空中盤旋，或者地面裝甲車部隊的調動，但萬萬沒想到，北韓的導彈竟能對我的睡眠造成威脅。雖然最終飛彈僅僅掠過北海道上空，然後墜入太平洋底，但單純的騎行卻能遇上導彈威脅，這般經

（上）函館五稜郭。
（下）函館山夜景。

歷也算奇特難得。

　　我們在雜談閒聊中，一同走完森町到函館的五十公里路程，而抵達函館時間尚早，遂沿著市區北側去往位在中心的「五稜郭」。呈現五角星形的五稜郭史跡，為江戶時代末期幕府建造的一座星形要塞，同時也是舊時代的箱館奉行所，在舊幕府與新政府最後一場戰役「箱館戰爭」結束後，五稜郭逐漸褪去它的政治色彩。如今，五稜郭早已成為著名的觀光景點，同時也是北海道的遺產項目之一，它不僅見證箱館到函館的歷史轉變過程，也跨越江戶至明治的時代更迭。

　　Akito告訴我，在西埠碼頭邊上，有間住宿價格非常低廉的「Meet House」，倘若有意願的話可以一同前往。小旅館過夜費用僅一千三百日圓，倘若停留二天以上，價格還能再降到八百日圓，如此划算的住宿機會，當然毫不猶豫地隨他前往。當我們抵達旅館大門時，外頭鐵捲門上寫著「Since 1989」，沒想到竟是一間與我出生相同年份的旅館了。簡單完成護照登記及繳費以後，我們隨著外側的狹窄樓梯爬上二樓。二樓是三房一廳的標準格局，裡頭空無一物，僅有寬敞通舖與幾張古舊木椅。與其稱之為旅館，感覺反倒更像早期坐落港邊的漁寮，由於並未提供任何床墊被褥，所以還是得拿出自己的睡袋平鋪為床。

　　我與一旁的Akito開玩笑說：「我感覺自己像在有屋頂的公園裡露營。」其實，這裡除了四面能夠遮風避雨以外，與公園實際並無太大差異；沒有基本的洗澡條件，甚至連廁所也只是一口直通化糞池的茅坑，在高度發展的日本，難以想像也能見到這般奇特景象。雖然條件簡樸，但我喜歡待在這座寧靜的小港城，那使人感覺更加貼近當地生活的原貌。

　　稍微整理完行李，我和Akito商量要去附近的資料館及文學館參觀，但他似乎對此不太感興趣，所以最終只有我獨自一人前往。出了旅館大門，順著函館市電的路線，沿途依序經過北方民族資料館、鄉土資料館、市立文學館，再從港灣去往豐川埠頭的沿岸倉庫群漫步。其中印象深刻者，仍屬北方民族資料館裡，有關阿伊努人四季生活形態的展覽；在整個環北海道過程中，我花費不少時間認識阿伊努的民族文化，而明天即將離

開函館回到本州，也算一次與北海道的鄭重道別。

　　晚間，從八幡坂坡道爬向函館山，途徑元町教會與俄羅斯東正教堂。柔和的燈線打在歐式斜頂塔尖建築體上，別具一番異國風情。石坂坡道空蕩寬敞，步行至函館山腳，便能轉乘纜車登頂，一覽城市夜景。由函館山頂俯視，市區裡橙白交織的燈光閃爍，點燃整座函館海灣的夜空，也燃起內心一份即將離去的感慨。回憶起過去三週時間，北海道崎嶇的山路、寒冷的秋夜、鹿群、狐狸與野熊，所留下的難得經歷，必將成為未來尤其美好的記憶，而這裡豐富多彩的北方民族文化，也將與這段時間所遇見的人們，一同建構屬於我腦海裡的北海道時光。

　　在北海道最後一天，悠閒遊蕩在市區大街上，早晨的函館街道，除了日本通勤上班族與零星遊客以外，沒有更多的喧鬧嘈雜。開往青森的船班，位在市區北側碼頭裡，我輕鬆自在地踩著踏板，朝港口的方向緩緩前進。沿途陽光明媚、萬里無雲，這般離別之景充滿暖心的溫柔。

　　途經一間古樸的文物店時，激起心中獵奇興趣，確認距離開航的時間尚早，於是推開大門進入參觀。小店裡物品數量繁多龐雜，掛鐘、石器、木雕、鐵具……各項藝品琳琅滿目，而我突然到訪，似乎正巧打擾老爺爺與老奶奶的悠閒時光。

　　八十二歲的吉田老爺爺，是這間古物店的店主，他年輕時在本地是出名的船長，因此店裡物件多是與海洋相關的收藏。從船燈、航舵、船槳到望遠鏡等，老爺爺話匣子一開，在店裡相談便是兩個鐘頭。我們語言溝通上有諸多障礙，但透過圖畫、漢字筆談進行交流卻又樂此不疲。

　　從教我如何使用鐵籠在海上誘捕「平目」，到向他展示我在路途捕獲的「青大將」，我們的聊天內容天馬行空、無拘無束，純粹分享彼此的豐富經歷。臨別前，全程幾乎保持沉默的老奶奶，突然領著我去往店面後方倉庫。她小心翼翼地從圍裙口袋裡，掏出一條龍角散塞進我手中，並且特別示意別讓他的老伴知道。或許，即便每日風餐露宿、外表略顯滄桑，於她眼裡我依然像個長不大的孩子，而這份溫暖行徑，更令人流下了感動的眼淚。

第五章

中部

Hakodate shi → Toyama shi
145 hrs / 791 km

開往青森的渡輪，隨著汽笛發出「嗞……嗚……」的長鳴下，緩緩駛離函館港灣。船身逐波飄搖在津輕海峽洋面上，輪槳的身後劃出一道濃白水痕，稠密洋泡於水跡上漂浮，許久不散，如同北海道存留心底的羈絆。遠方屹立的函館山，隆狀的輪廓逐漸於視野裡模糊，最終徹底在風中消散，或沉洋底、浮雲端，哪怕想像如何天馬行空，還是在腦海裡浮現那般模樣。

　　歷經四個小時的航程，重新回到青森港，當我再度踏足本州陸地時，熟悉之情油然而生。步出船艙，手機上頭陸續收到幾則訊息，是朋友傳送要我多加留意強颱「泰利」的資訊。打開網頁查詢，發現颱風距離似乎尚遠，仍處在南端的宮古海峽徘徊，倘若真如天氣預報所說，發展成有史以來登陸本土四島的穿心颱，碰上也算是運氣。

　　前往秋田的方向，路線曲折蜿蜒，天氣無風無雨，頗有風雨前一派祥和的氣息。沿著羽州街道而行，沿途依序經過黑石、大鰐與大館，其中隱藏在大館山與大高森之間的「大鰐町」，以溫泉鄉及滑雪場著名。進入町界，幾幅景象隨之映入眼裡，位在遠處山頂的滑雪場，山腳底的村鎮、溫泉浴場及酒家，幾條逶迤的盤山步道，此時耳邊彷彿喚起《雪國》[5]中，那段清雅脫俗的北國場景「穿過縣界長長的隧道，便是雪國。夜空下一片白茫茫。火車在信號所前停了下來。」雖然，我到達的時間仍屬初秋，但除未能見著漫天皚白的景致以外，其餘條件一應俱足，倘若冬季至此，或許真能感受名副其實的雪鄉。

強颱泰利

　　晚間，當我進入北秋田以後，遠方天空已積起一層厚實烏雲，沿排電線杆頂端，佇立成群的烏鴉放聲嘶鳴。冒著逐漸增強的風雨，踩著踏板加速奔過米代川上幽暗的便橋，去向市區南端尋找露營地。而原先計畫停留的鷹巢中央公園，當我抵達時，在夜裡竟是一片荒蕪之地，除了一座湖泊以外，既沒有任何光線，甚至沒有一處遮蔽物；我匆忙再度原路折返，

想另覓能夠避雨的場地，但剛步出公園不遠，颱風外圍環流伴隨的強烈雨勢便猛然驟下。情況突然十分危急，在沒有任何選擇的情況下，只能迅速躲進一旁廢棄的候車亭裡。

亭子地方狹窄，一坪半空間正巧塞進一頂帳篷與自行車，再沒有多餘的活動空間，雖然上端有雨棚遮蔽，但三面牆鈑因為腐舊而鏽蝕，朝外一端的雨水也肆意地潑灑進來。我犧牲阻絕溼氣的地墊，鋪罩在帳篷外側，希望能夠藉此遮擋住一些雨水。然而，如此猛烈的強風陣雨，颱風應當已經距離不遠，今晚將要穿越秋田，想必會是極其艱辛的一夜。

歷經一整晚強颱肆虐，形勢斷斷續續、來來停停。陣風吹掠而過時，感覺整座候車亭也隨之晃動起來，雨水伴隨強烈風勢灌入，以至於整晚無法安眠。

清晨，守了一夜的帳篷甚感疲憊，緊張情緒也因此鬆懈下來，無心專注外頭仍然猛烈的風雨，沉沉地睡去。幾個鐘頭以後，當我再次醒來依舊是間歇性陣雨，而風勢似乎比昨晚更強勁，猜測應該正處於暴風圈外圍。由於無法在這種天候之下離開候車亭，只好從行李中取出少許乾糧，以果醬、吐司及餅乾，簡單解決了早、午兩餐。

下午，受困亭子實在教人發愁，待在帳篷裡索性讀起夏目漱石的小說《少爺》，用以消磨時間。陰雨天氣心無旁騖，不一會兒工夫便也讀畢，看來閱讀這件事果然需要專心致志，才能夠做到細膩化一。

整體來說，這本書不僅陪我打發苦悶的閒暇時光，內容也甚是讓人喜歡。夏目漱石筆下關於人物性格特質的刻劃，筆調詼諧，口吻直率，讓整部小說富饒活現生趣。有評論家云：「《少爺》一書是江戶時代到明治維新時期，武士階層精神文化消亡與蛻變的惋惜表現，藉由人物性格裡正義、直爽的描繪，與學校權貴階層的對抗，呈現時代更迭裡傳統思維值得肯定的精神態貌；也有評論家認為，夏目漱石藉由個人的經歷依據，進一步創作出這部文本經典，不僅具有『國民作家』鮮明的標識，甚至可以上

5. 《雪國》是日本作家川端康成的中篇小說，一九三五年開始發表，並於一九四七年完成。也是作者被授予諾貝爾文學獎時，被評獎委員會提到的三部作品之一。

升至國家與民族層次的精神展現。」

　　無論如何，我認為經過時代選擇所留下的經典之作，因為具有豐富及其普遍的解釋性價值，容易深入連結個人經驗層次，所以才進一步賦予了「經典」的意義。倘若排除文學研究範疇與解讀，《少爺》一書所描繪出那般大無畏的「少爺精神」，正是每個時代、每個年齡層裡，所缺乏卻又渴求的代表人物。藉由輕鬆詼諧的筆觸，清晰勾勒出一個多數人所希冀的行為典範，這也許正是這部作品做為經典的意涵。

　　沉浸在小說作品中，讓人暫時忘卻外頭的風雨，當我再度打開帳篷探出頭去，天色已經顯得有些昏沉。大約傍晚，趁著雨勢稍稍出現和緩跡象，便迅速跨上自行車，趕往巷口唯一的雜貨店裡採購。

　　小商店的食品存量不多，只有麵包、即食食品與一些罐頭。挑選一包金針菇及醃製沙丁魚以後，準備回到候車亭內煮食，天空的陰雲依舊壓得很低，四周彌漫著大地滋潤的香氣；輪下灰黑的柏油路面，被風雨沖刷得分外潔淨，一旁田野也飄散著雨過的清新。烏鴉再次成群盤旋，此起彼落地發出「啞啊……啞啊……」叫聲，猜測大概正慢慢遠離暴風圈了，於大自然裡，再沒有比鳥群更為準確的天氣預報者。

　　夜半，周遭環境再度恢復寧靜，亭子後方有條灌溉田間的水渠，裡頭傳出陣陣蛙鳴，再過去的田野邊上，有著蚱蜢「唧唧」的噪聲，鎮日風雨過後，大地重新展現富饒的生息，我的旅程或者明天就能順利前進。

　　隔日早晨，陽光穿透木造候車亭的玻璃窗櫺，光點依稀映在帳篷側邊門簾頂上，久違的光線帶來明亮溫度，似乎也從中盼見一天的爽朗心情。我將雨水溽溼的睡袋與地墊，以及行李中所有衣物，平鋪於陽光底下曝曬，試圖蒸散其中的水氣與霉味。

　　待行囊收拾完畢，今天將一路向西去往海畔的「能代」，然後再朝往南方前進「秋田」。從北秋田出發大約一百多公里距離，路線既有森林亦有海岸，大多行走在低矮的山林間穿梭，西進起伏的路途上，右側綿延一千三百平方公里的森林地區，便是「白神山地」。成片的森林區中，約有一百餘公里被評定為世界自然遺產項目，更以壯麗的山毛櫸原生林聞

（上）受困秋田候車亭。
（下）秋田市景。

名，這些地域始終未曾受到人類開發破壞，因此保持了最原始的自然生態系統。穿過「富根」東岸的二座隧道，遼闊熟黃的水稻田在右側綿延，稻穗結實飽滿而低頭垂下，壓著腰桿子按由風的吹拂朝向一方作揖，萬物的生命力總是如此曼妙動人，自然本身包涵一切美學形式，無須任何刻意地加工琢磨便是一番風景。

午後，再度轉為晴雨交替的天氣，有時冷不防被突如其來的陣雨打溼，過沒多久又在陽光的曝晒下徹底晾透；或乾或溼，本身似乎也不具多少意義，天氣變化從來不在掌控之中，只能依其自然調整自己的心境。尚未進入秋田，沿途的觀光宣傳十分吸引目光，舉世聞名的「秋田犬」，必然成為這座城市的活招牌。在當地觀光協會製作的海報上，印有一隻走訪各地的秋田犬，跟隨牠的腳步，彷彿自己也完成一趟美酒之鄉的探索。

傍晚登上位在港邊道之驛的觀光塔，一百公尺的展望室能夠遠眺日本海、秋田市全景、男鹿半島與太平山，沿著海港防波堤聳立幾座風力發電機，機座上頭的三角扇葉，在西北風地吹動下不停旋轉。

距離秋田南端七十公里，是「奧之細道」的最北端之地「象潟」，日本「俳聖」松尾芭蕉於一六八九年間，歷經五個月徒步完成一趟文學之旅，途經此地時，留下了許多傳世的散文與俳句作品。旅行之於詩人，好比精神生活的現實安頓，藉由「行」與「思」的結合，完成筆墨書寫的個人印記。松尾芭蕉對於象潟的記錄，在《奧之細道》書裡有這麼一段描述：「閱過無盡山河水陸之風光，於今象潟縈繞於方寸之間。」此地曾經是一環潟湖，在經歷數百年前一場地震以後，海底隆起形成如今的陸地，錯落田野間隨處可見的團狀山丘，便是小島所遺留下來的痕跡。

自由穿梭在象潟九十九島奇景之間，從雨後縈繞的雲霧裡窺視，似乎多少能夠體會芭蕉所描繪的意境。當我路過象潟時，天空正飄起絲絲細雨，才剛進入路旁便利商店休息，沒一會兒工夫卻突然颳起狂風暴雨。此刻心想，前二天颱風不過剛走，難道又遇上新的颱風？但憑那猛烈的雨勢，還真以為再次遭遇暴風過境。

我因此被迫在商店裡逗留，徘徊許久而不能離去，有位路過商店進

入採買的日本大叔，也許看見我臉上惆悵的神情，剛出店門就遞上一罐熱咖啡，並簡單地說了一句：「騎行、加油！」雖然不過是個微小的舉動，給人感受卻是極其窩心，尤其當雨中落難、身在異鄉時，才真正體會出人們之間那份溫暖的善意。

成為遊民

　　山林吸附濃厚的水氣滋潤，加上右側海岸不斷颳來的海風，使得氣溫驟降許多。頂著刺骨寒風騎行，幾小時後穿過西山綠地抵達「酒田」，天色早已黯淡無光。我推著車走在市區街道，突然被兩個擦肩而過的小孩從後方叫住，一聲充滿活力的「すみません！」緊接便是一連串的提問。

　　「你是從台灣來的嗎？」、「台灣人也說日語嗎？」又嘗試說出幾個諸如「おいしい、すごい……」的單詞以後，似乎了解我不諳日語，兩人同時做出一個加油手勢，嘴裡喊出一聲「頑張って！」以後，便朝往相反的方向離去。日本騎行至今，已經數不清接受多少來自陌生人的饋贈與支持，有一面之緣的加油吶喊，也有長時間駐足路邊的漫談，甚至有幾次當我坐在賣場門口吃著便當，平白無端便收到好心人送上的水果與飲料，這些鼓勵每天總以各種不同形式不斷發生。無論抱持同情或熱情，日本社會於我的感受，是一個非常富有同理與情感的社會。雖然在資本主義高度發展的國家裡，城市中人與人的關係不免緊張陌生，但隨處又能依稀感覺得出，支撐日本文化背後那股濃厚的人文精神。從城市規劃、文藝設置、交通步道、無障礙空間，甚至沿途這些零星構成的個人經歷，日本社會總能給人無微不至的關懷體驗。

　　在酒田停留的第一天晚上，紮營過程並不順心，我在車站後方的北部公園裡，再次遭遇氣勢凌厲的狂風席捲。狂風將手裡正在搭建的帳篷鋁桿吹彎，我拚了命地拽著其中一角，以免整頂帳篷被風吹走；就在風雨中維持二個鐘頭的苦苦掙扎，最後仍舊不得已選擇離開，天氣永遠是無法戰勝的挑戰，就連收拾都顯得狼狽不堪。

深夜空蕩的街道上，風的呼嘯聲格外清明，我沿著市區街道繼續往南走，後來躲進酒田市資料館一旁的地下道裡。地下道內部空間寬敞明亮，環境也非常潔淨整齊，此刻感覺自己成了真正的遊民，在城市各個角落間遊走，唯一的區別是攜帶一頂帳篷，使我外觀仍然保有旅行者的氣質。模樣看上去或許可憐，但一方面「遊民」的角色卻也使人沉浸，我想社會並不會以太多價值標準去看待遊民，所以排除規範的拘束以後，讓內心獲得一股特殊的自由感受。人們總是希望維持某種相對的秩序狀態，但這個狀態僅僅在要求外在對象時成立；換作自己，則千方百計想要凌駕於規範之上，說到底不過是人們性格裡的一種缺陷。無論如何，短暫的遊民體驗，似乎讓我理解另外一種完全不同的生活形式，或許某些主動選擇自我放逐的流浪者，都存有一套自己看待世界的眼光。

　　由於我依然擺脫不了「社會人」身分，因此無法不顧及旁人的路權，所以一早便收拾帳篷從地下道離開。隔著一條路口左側是酒田市資料館，裡頭收藏大量酒田市的重要歷史文獻，並且正在進行「武士時代」的特展。二層建築的展館內，除了有甲冑、太刀、籠手……等展覽品，還有文字詳細介紹江戶時代至近現代武士階級的轉變。武士做為日本舊社會的一種階級，從明治維新以後，一八六九年「版籍奉還」[6]，新政便已不復存在，取而代之則是「華族、士族、平民」的新階級劃分，而到一九四七年日本國新憲法頒訂，新的戶籍法消滅固有的社會階級制度，從此以後，階級社會在日本才真正完全步入歷史。

紙雕大師——「白旗先生」

　　距離市資料館以南一公里處，在酒田港灣畔有排深黑色木造倉糧建築，是著名的山居倉庫。一百多年以前，這裡做為稻米裝貨港的保管倉庫，記錄著酒田繁榮昌盛的貿易歷史；倉庫一側，栽植成片的櫸木街樹，

6.「版籍奉還」是一八六九年日本明治政府實行的一項中央集權政策，意指各大名將領土、轄內臣民交還予天皇。

相馬樓舞娘。

與白旗孝夫先生。

是從前做為預防夏季西晒高溫的防護，充分展示古人運用自然之物的智慧體現。

　　倉庫如今依然具備儲藏功能，並且開放部分區域做為觀光、銷售、展覽的空間。其中展覽館裡，正在展出本地紙雕作家白旗孝夫先生的作品，當我入內觀覽時，裡面並沒有太多遊客，一位老先生見我到來，便熱情地上前迎接。在一旁工作人員陪同介紹下，才知曉眼前這位髮色蒼蒼、戴著膠框眼鏡的老先生就是白旗孝夫本人，驚訝之餘，更是欽佩如此細膩的紙雕作品，竟然全部出自這位八十五歲老先生之手。白旗先生透過一旁翻譯獲知我來自台灣，隨後便說起他幼年時期，曾跟隨父親移居滿洲國的生活經歷。他在中國定居足足六年時間，最後因為二次大戰日本戰敗而歸國，如今談起中國，老先生依稀還記得一些簡單漢語，他以混雜的中文口音，將數字由一到十數過一遍，除此之外，另一句讓他印象深刻的漢語單詞便是「麻將」。

　　我們在館內閒談將近一個鐘頭，老先生極力推薦我去一間當地特別出名的「滿月」拉麵，詳細向我解說位置及路線以後，發覺似乎仍然並不清楚，於是熱情地說：「不如乾脆我帶你去吧！」但先前光顧著閒聊，沒注意到時間已經將近下午兩點，我同老先生說道，自己必須趕往另個地方觀賞舞娘演出，恐怕來不及去品嘗他口中讚譽有加的拉麵店。

　　白旗先生知曉後，立刻又說他的汽車停在外頭，可以的話請我搭上便車，他先帶我去趟拉麵店，然後再送我至相馬樓看舞娘演舞。先生的好意盛情難卻，也非常欣賞他溫文儒雅的氣質，因此便把自行車停放在山居倉庫外，乘坐他的便車去往相馬樓。車輛在市區街道繞行，最後在相馬樓前緩緩停下，原以為他是順路前往，沒想到竟然是專程載我來此，實在感到萬分惶恐。

　　我與白旗先生在樓前道別，兩人從結識到分開不過三個鐘頭，卻有種莫名的親切熟悉。隨著深藍色轎車的尾影，逐漸消失在前方巷弄轉角，車內後視鏡裡映出一隻揮別的手，頓時感嘆不知此生是否有緣與他再見，但他細膩的紙雕與行為，早已深深感動了我的心。

目送先生的背影離去，我轉身進入後方的相馬樓。「相馬樓」是江戶時代的料亭，至今已有一百多年歷史，酒田當時因為米糧貿易繁榮，因此料亭文化也獲得蓬勃發展，其中相馬樓就是本地最為繁盛的料亭。

二層古式建築裡，一樓是朱紅色迴廊與藝妓為主的繪畫裝飾，並且有為數不少的雛人偶展示，二樓則是舞娘的展演場地。舞娘婀娜的舞姿伴隨三味線旋律，不僅展現出豐厚的藝妓文化底蘊，更加體現了日本獨特的美學藝術。離開相馬樓，隨後轉往位在「最上川」出海口旁的「日和山公園」。公園裡的小山丘上，不僅能夠遠眺日本海夕陽、秀峰鳥海山，還有日本三大急流之一的最上川。過去酒田具有重要的政治、文化意義，加上又是諸國商貿往來的必經港口，因此也留下豐富的文人墨客足跡。

在日和山公園裡，有一條規劃特殊的「文學散步道」，途中設置許多日本文人立像與文學碑，例如松尾芭蕉、幸田露伴、齋藤茂吉、井上靖、正岡子規……等人。沿著文學之道步行，一路會經過皇大神社、日枝神社、光丘神社三座神社，環境氛圍莊嚴典雅，將整座日和山公園染上濃厚的優美氣息。

黃昏，在公園裡的高台上遠眺日落，夕陽金燦地緩緩沉入海底，尖銳光稜化作柔和的圓虹，呈現層次分明的紅橙在海天之間漸進暈染開來。園裡有座木造六角燈台，入夜後打上色彩斑斕的光線，奪目耀眼。燈台與一側的常夜燈互相呼應，不僅將大地照得火紅，甚至點燃頂上的漫天星空。

前一天，由於從台灣攜帶的沐浴乳已經用罄，所以前往當地的超市選購，在洗髮精、沐浴露、潤髮乳三者之間來回挑選，因為不諳日文，以至於無法區分上頭的標示。內心一橫，反正洗頭、洗澡、清洗鍋碗瓢盆，只要能夠去除汙漬應該沒有差別，所以挑到洗髮精或者沐浴露結果都能接受。最後，三挑二的機率還是選到對我毫無作用的潤髮乳，雖然洗澡時殘留的氣味讓人神清氣爽，但身體卻也越洗越絲滑。我想以自己能夠找到機會洗澡的頻率估算，需要額外增加柔順效果顯得十分多餘吧。

正值季節交替時期，天氣總是變化莫測，從酒田去往新潟的路途，

時而陽光明媚，時而密雲不雨。原先盤算沿著海岸線走，路況將會平易輕鬆，計畫挑戰先前在北海道時所立下單日一百六十五公里的騎行紀錄，但城市的複雜性卻增加了挑戰的困難。當我騎進新潟市時，馬上被東西橫貫、南北錯綜的道路弄得迷糊，相較先前多半採取沿著一條主幹道前行的方式，走進大城市裡不免因為亂竄而迷路。自然荒野經常帶給人奔放自由，而城市體驗總讓我內心深覺壓抑，或許現代化城市發展給生活帶來無可比擬的便利性，但城市本身的存在似乎又是非常違反人性。人類如何能夠遠離自然？人們怎能住進冰冷的鋼筋水泥裡？又怎能與萬物生命毫無情感聯繫？我感覺這一切是如此荒誕乖謬。

日本妖怪美學

在新潟市區迷路將近兩個鐘頭，最後才經由西區接上一一六號國道朝往「岩室」。原先計畫去到更南端的「燕」，直到路上無意撇見一旁「岩室溫泉」的招牌，眼瞧不過短短一公里距離，遂拐彎朝往彌彥山方向而去。通常這般臨時起意的做法，結果不是大好便是大壞，當時已經接近傍晚，怎知這一轉彎又走了將近十公里路程，徑直走到天神山腳下。天色幾乎完全黯淡下來，內心早有隨處紮營的準備，隨機詢問幾位路上行人以後，他們皆稱我想前往的溫泉浴場，就位在登山步道的山腰。

由於對溫泉莫名的強烈欲望，我在幽暗的黑夜中開始登山，雖然這股堅持似乎有些不可理喻，但或許是不甘先前多走的十公里路平白浪費，所以無論如何必定得泡上溫泉。漆黑山林伸手不見五指，微弱車燈是唯一的指引，然而上天十分眷顧，最終不僅在山上洗到露天風呂，還在山下找到舒適的露營地。

岩室地區過去在江戶時代是北國街道的繁華街，因為越後地方最大神社「彌彥神社」與溫泉而獲得發展；據傳，溫泉的起源最早來自當地一名白髮老翁，在夢中受人告知有隻受傷的大雁，在此地山澗的泉流中治癒傷口，因此岩室溫泉又有「靈雁之湯」的稱呼。當地溫泉泉質天然，浸泡

（上）白山神社。
（下）合掌屋。

過後原本陽光曝晒乾燥的皮膚，不僅沒有變得更加乾澀，反倒像是塗上一層潤膚乳，格外絲滑柔嫩。雖然行程發生計畫以外的改變，卻也因此在這座傍山靜謐的村子裡，留下一段美好的足跡。

位在彌彥山脈南側的國上山，山腳有間神社名為「酒吞童子神社」，當我路過之時，碰巧舉辦第十三回的酒吞童子行列。酒吞童子是日本平安時代名妖之一，與九尾狐、崇德天皇化身的大天狗一起並稱為日本三大惡妖，曾是統領群妖的百鬼之王。

據稱，酒吞童子在人間危害時往往化成英俊少年，因此它也被認為是容貌最為俊美的妖怪。傳說它曾掠走池田中納言的女兒，使得大將軍源賴光率領有著「四天王」之稱的渡邊綱、坂田金時、卜部季武、碓井貞光前去征討。一行人於征討的路途上，在山洞裡遇見三位老人，他們不但拿出神甲與毒酒送給源賴光等人，又告訴他們酒吞童子的具體居住地點，傳說這三位老人便是熊野、住吉、八幡三處的守護神。後來，源賴光砍下了百鬼之王酒吞童子的頭顱，從此源賴光和渡邊綱等人威名遠震，使鬼怪們聞風喪膽，京都一帶的百姓生活再度回歸安定。[7]

而根據國上當地的傳說，酒吞童子出生於日本平安時代越後國，小時候就進入國上寺成為一個小沙彌。當時年僅十二歲的他，由於容貌俊美受到很多女孩的追求。但是，酒吞童子拒絕所有的告白，而那些被他拒絕的女孩由於無法得到酒吞童子的愛，全都抑鬱而死。當酒吞童子把這些女孩所寫的情書焚毀時，書信燃燒產生的詭異煙氣突然緊緊地包裹住他，無論如何都無法擺脫；這些煙氣顯然不是普通的煙氣，而是附著那些慘死女孩怨靈的煙氣。他不斷受到這些煙氣折磨，最後酒吞童子在大江山被怨靈所害，從此化作一個厲鬼。

雖然，傳說的真實性畢竟帶有神話色彩，但藉由日本民間大量的妖怪傳說，不僅反應起初人們對於自然、鳥獸的敬畏之情，也表現出崇尚未知世界的理解與渴望，而妖怪的產生，實際上具備著人與自然之間溝通介面的意義。從江戶時代狩野派代表畫師烏山石燕[8]，傾其一生完成繪製的《百鬼夜行》，使得妖怪的形象、特徵、習性，建立起定型化的統一認

知。諸如此類的妖怪故事，從此不僅是一般的民間傳說，進而發展出屬於日本獨特的妖怪美學。

旅程離開「上越」以後，路上開始出現自行車專用道，雖然說是一條海岸公路，但實際為依著山腰的小徑。偶有綿延不斷地起伏坡道，但具備遠眺大海的視野，騎行起來還是十分過癮。整體而言，日本的海岸線沙灘短少、礁岩眾多，又不乏許多高聳的海岸山脈，因此視覺景觀壯麗遼闊，但若是騎行則實在辛苦。某幾個路段，幾乎是行走在海岸的懸崖峭壁上，雙向車道壅塞狹窄，沒有多餘的空間足以讓自行車通行，基於安全考量只能走走停停，尤其注意後方不時經過的大貨車。不過日本多數汽車駕駛人，無論對待自行車及行人是絕對禮讓，因此會主動保持安全距離，或者默默於後方跟隨，這點讓騎行者完全能夠放心。

途中經過位於「能生」的白山神社，是新潟地區室町時代最具代表性的神社，本殿十五世紀火災燒失以後，於一五一五年重建，距今已有五百年歷史。其中，春季大祭的活動更被指定為國家重要無形文化財。神社裡有一池蛇口之水，並非普通的自來水，而是來自被選為新潟名水的岩間湧泉。

穿過城山隧道以後，海岸逐漸內縮，陸路一側是海拔三千公尺等級的立山山群，另外一側則是水深一千公尺的深層海洋，高低落差四千公尺的富山灣，因此以世界最美的海灣享譽國際。

抵達富山隔天，我將自行車與行李安置在車站停車場內，轉乘巴士去往世界文化遺產項目的「白川鄉合掌村」。一九九五年，「白川鄉、五箇山的合掌式建築村落」正式通過世界文化遺產資格認定，而此處的歷史發展，早於十三世紀淨土真宗傳播時期，從白川鄉甚至拓展飛驒一帶，全部處在真宗的勢力範圍；到了十五世紀信濃國入侵以後，才在內島氏的統治之下建立起做為小城之用的荻町城。

7.鳥山石燕繪；宮竹正編，《百鬼夜行》，江蘇鳳凰美術出版社，二○一五。
8.鳥山石燕（一七一二～一七八八）本名佐野豐房，江戶時代著名浮世繪師，擅長妖怪題材，參考中國古籍《三才圖繪》，又從日本民間故事蒐集大量素材，整理創作《畫圖百鬼夜行》、《今昔畫圖續百鬼》、《今昔百鬼拾遺》、《畫圖百器徒然袋》四部畫卷，確立了代表日本文化的妖怪圖譜。

白川鄉具有高度發達的養蠶產業，在傳統的合掌式建築中，挑高的頂層閣樓便是養蠶場域。而所謂的合掌式建築，便是依「結」——集眾人之力所建構，合掌屋單憑個人甚至家族力量，是完全不可能存在的，由於需要大量人力資源維護，往往村子某戶人家需要更替屋頂時，則必須動員全村人口進行協助。因此，在建築現代化過程中，有許多的傳統合掌屋早已被現代日式建築所取代。

　　到了一九七〇年代時期，部分村民開始意識到這個問題，並且逐漸投入心力進行傳統建築的保留工作，某些村民也發起了保護合掌造運動，同時制定以保護為目的的住民憲章。時至今日，仍有超過六百餘人生活在此，除了對抗大雪、歲月的摧殘，同時也守護著人類珍貴的傳統文化資產。

　　合掌村的觀光發展成熟，各國遊客絡繹不絕湧入，雖也並不打擾此處獨有的靜謐，但對環境的破壞仍然隨處可見。當我在合掌村遊覽的半天時間，見到不少來自台灣遊客的脫序行為，例如：踏入田埂拍照、擅闖民宅、拈花扭瓜、隨意丟棄垃圾……等等。雖然這般行為畢竟少數，但依舊感到無比羞愧，深切希望無論來自何方，都能理解私人的行為表現，不僅代表個人更是全體國民的素質呈現。

　　晚間重新返回市區，取完自行車及行李以後，朝往中央車站後方的牛島公園紮營。在柔軟的草坪烹煮一鍋松葉蟹，就著啤酒窩在帳篷裡食用，雖然騎行日子總是充滿艱辛，但畢竟以自己喜歡的方式生活，或苦或樂，也都是一番滋味。

第六章

近畿

Toyama shi → Shirahama cho
119 hrs / 568 km

富山縣高岡市北部的雨晴海岸，是北陸地區著名景點之一，境內擁有柔軟沙灘與松木林，並以遠眺海拔三千公尺以上的立山連峰聞名。佇立海畔，坐落東方的立山連峰，由右至左依序為淨土山、立山三山、別山與劍岳，北面高度稍微低矮一些的，則是毛勝三山。每年冬日之際，遠方皚皚白雪覆蓋山峰，襯托出海面女岩孤島的奇景，總能吸引大批攝影愛好者前往。

　　沙岸一端，有幾塊岩石堆砌而成的岩洞，名為「義經岩」。據稱是平安時代日本名將源義經當年從京都出逃奧州時，經過此地正巧碰上大雨，臨時躲進這座洞窟內避雨，從此這塊岩石便被命名為義經岩，此地也被稱作「雨晴」。朝往能登半島方向的路途，是一條依傍富山海灣的自行車道，專用道路綿延通往「冰見」，約有五十公里。雖然海岸天色偶爾夾雜密雲的混濁，就連海色也呈現慘淡的灰鬱，但氣候溫和涼爽，心情不免隨著車道二側野花綻放，飄散起濃密的芬芳。

　　「冰見」是一座以漁業為主的海濱城市，使它知名度大增的，是出生於市區古剎「光禪寺」的本地著名漫畫家──安孫子素雄（藤子不二雄Ⓐ）。曾經與藤本弘（藤子・Ｆ・不二雄）早期共用「藤子不二雄」的筆名進行創作，因此聲名遠播。兩位都是日本近代著名漫畫家，也同樣身為富山縣人，後者因作品「哆啦A夢」聲名大噪，而使藤子不二雄　在漫畫界奠定地位的代表作，則為「忍者哈特利」（忍者ハットリくん）。後來，由於各自的創作風格理念不同，因此決定正式拆夥，但兩人也分別獲贈來自不同領域的極高受賞肯定。

　　四一五號國道橫跨湊川的「中之橋」左側，有座形體較小的「虹之橋」，橋的上端設置「忍者ハットリくん カラクリ時計」，每當整點一到，忍者哈特利漫畫主角們的機關人偶便會緩緩升起，隨之展開一場忍術大對決。跨過湊川以後的中心街道是「潮風通」，位在商店街兩側，擺設許多會發聲的忍者哈特利人物塑像，以及出自藤子不二雄　設計的魚形雕像。

　　遊走在冰見市區街道，不免勾起許多幼年時期的美好回憶。回顧整

個童年時光，幾乎是在日本卡通的陪伴下成長。從叮噹貓、幽遊白書、爆走兄弟，到鬼神童子、名偵探柯南、蠟筆小新……等等，日本的動漫文化無疑具有引領兒童思潮的重要地位。而個人的童年史，也可以理解為日本近代卡通史的縮影，它們似乎殘忍地代表年齡層級的分段，同時也意謂記憶裡那段永遠回不去的懷舊時光。

異鄉人

大約半個多月以前，當我還在北海道苦苦掙扎時，好友渝臻透過臉書知曉我的日本騎行計畫。遠在和歌山縣的她傳來訊息，告訴我倘若之後途經石川縣，務必前往拜訪居住當地的台僑陳醫生。那時人還遠在千里之外，感覺一切都是好久以後的事情，卻沒想到一路走來，竟也平安順利抵達石川。

前往七尾的海岸公路，與右側海平面有些許落差，沿途多半是港灣聚居的小村落，或者一些零星海畔民宿與餐廳，雖然模樣並非熱鬧繁華，但這般寧靜樸實反倒令人甚是喜歡。

大約傍晚，翻越伊掛山以後，終於抵達七尾市街，此時天空正下著細雨，使我與陳醫生的第一次見面顯得十分狼狽。陳醫生在日本定居已有十多年，外表溫和儒雅，十分具有文人氣質；而我在七尾停留的兩天時間，他與我分享許多海外台僑打拚奮鬥的故事，其中心路歷程與轉折，給人留下深刻的印象。

雖然旁人聽來總覺艱苦遠遠多於獲得，但人生似乎便在經歷各種顛沛流離以後，依然能夠娓娓道來談笑風生者，自然讓人對這份泰然之情產生由衷敬意。過去台灣正值過渡發展的階段裡，「一卡皮箱」跑全球的台灣精神，似乎隨著經濟起飛以後而逐漸褪去。而近年台灣整體環境發展狀態，似乎正落入一種委靡不振的惡性循環，讓更多人處於一種「被迫出走」的無奈。台灣與台灣人的發展，始終因為政治因素無法排解而造成動盪不安，無論是一個世代以前「亞細亞孤兒」那般的悲憫鬱恨，又或者當

下「台灣主體意識」的政治自覺，身處異鄉，大抵更能體會身為一名台灣人，生存究竟是如此的「不容易」。

漫步在七尾南灣的海堤，享受一天難得的休息時光。七尾總歸是座舒適的濱海小城，既有知名的和倉溫泉，也有依山傍水的美麗海景。我一面眺望峽灣對面的能登大島，一面行走在山灣小徑上，準備前往城市西北面的「昭和博物館」參觀。該館以昭和時代收藏為主軸，展出許多早期日本社會的生活器具、菸草、酒品、玩具及初代電子產品……等等一類收藏，舉凡電影畫報、黑膠唱盤、食品和文玩，亦是博物館的展出對象。

館內一角，放置一台初代夏普的木製電視機，裡頭正播映著早期奧特曼影劇，其中時間轉換富饒時代的懷舊樂趣。而琳琅滿目的各式收藏中，印象深刻者仍屬隱藏角落櫥窗裡的「朝日牌」香煙，軟質煙盒上端，繪製雲沒若現的火紅旭日與碎櫻，僅僅之於眼前呈現，彷彿勾勒出一幅作家夏目漱石寫作之景象。隨著喉嚨吞吐而出地裊裊煙霧，一切是非、善惡、美醜、優劣的人世百態，便也隨之縹緲於緩緩柔煙之間。

晚間，再度回到陳醫生的住所，無端打擾總覺有些過意不去，而內心依然充滿著感激的情緒。常年在外旅行的體會，是讓人更加珍惜人們的付出與良善，生活周遭許多資源與善意，從來並非天經地義的事情，而我們總習慣將一切視之為理所當然，因此很少深刻表達自己的感激。我想內心情緒的表達，是一種需要不斷學習的過程，而這個過程則能很好調解每個人所處在的孤獨狀態，這或許讓人們精神維持某部分獨立自由，卻又避免走向孤獨的絕境。

隔天，離開前在陳醫生的幫忙安排下，聯絡同樣是石川縣台僑總會成員，住在福井縣鯖江市的惠美姊。由於每天從未間斷的騎行，讓腿部肌肉始終處在緊張狀態，而一天半的休息放鬆，當再度出發時渾身肌肉便出現抽筋與痠痛反應。我在七尾清晨迎來東升的晨曦，傍晚於加賀送走西沉的暮日，一路持續騎了一百六十五公里，才在晚間抵達嶺北地方中部的鯖江。

正因為自己這般深夜突訪而感到愧疚時，甫一見到惠美姊，她開頭

昭和博物館。

與陳醫生。

的第一句話卻是：「哎唷，這麼辛苦，你不要騎了啦！」沒來得及作出任何反應，緊接著又是一連串的關心問候「你想去哪裡？我開車載你去就好了啊！」、「要不要給你買乾糧？」、「天氣那麼冷，我買一條毛毯讓你帶在路上吧！」感覺她似乎比我更能體會騎行過程的艱辛。

　　出於內心的疑惑，我總不明白為何人們總是表現出如此熱情，給予像我這般素未謀面的陌生人無條件幫助。對他們而言，自己或者不過僅僅一面之緣，甚至姑且談不上認識，也絲毫沒有任何益處。但相較於我的不解，惠美姊反倒更顯得率真坦然。她說，想要給予身處異鄉的台灣人，也能感受到回家的溫暖，因此願意提供無微不至的照顧。她的言語至純至真，聽完使人心中倍感溫暖。

　　有時候行走的距離越遠，疲憊的積累幾乎足以讓人崩潰，而這自然是長途旅行中的一種常態。甚至，在路途上往往便開始產生懷疑，質疑自己的行為到底有什麼意義？但當身旁出現沒有理由，卻願意無條件提供幫助的人，我才明白就算旅行本身沒有意義，這種支持也足以是繼續堅持的理由。

　　在面臨許多問題時，我以為自己應當屬於意志堅強的一類人，鮮少對他人產生依賴需求，通常傾向憑一己之力去解決問題。然而這種性格於人際關係裡，似乎是種缺陷。行為的獨立固然是極佳特質，但被人需要同時也是每個人的內在需求，適當使旁人感受這種依賴關係，或許才真正標示一個人的性格成熟。我想即便內心多麼強大，人永遠都是需要支持與鼓勵的。

人之為人

　　一連幾天在七尾與鯖江停留，相對先前獲得充分足夠的休整，雖然身體狀態明顯舒緩許多，不過源自心理的疲憊感，依然對精神造成不少壓力。長時間旅行產生出倦怠感，是一件非常普遍的事情，過去也曾經歷過無數次這種狀態，而唯一的解決辦法，是藉由不斷回想旅程初衷轉移思

緒，繼續捱過兩、三天的精神低潮。這趟旅程並沒有足以闡述的偉大動機，過程亦沒有極需讚揚的事實，但深切對待每一天的認真態度，我想並未辜負生活的選擇。

每當面臨這樣的疲憊感，總使我想起幾年前在中國藏區時，那段在卡瓦格博雪山腳下徒步的日子。當時旅行經驗短淺，尚且無法區分旅行與旅遊的不同意涵，也並不理解所謂人類的局限性。

那年我停留在巍峨雪山前的飛來寺，遇見一對來自台灣正在環遊世界的年輕夫妻，當時閒聊問道：「你們千里迢迢來到這裡，難道不打算徒步進入雨崩村嗎？」雨崩是雪山腳下一個未通公路的村子，旅人來此十有八、九是準備徒步進到這片世外桃源。面對我的發問，他們兩人同時答到：「已經走了太久，實在感覺疲憊了！疲憊並非來自體力上，而是源自精神的疲乏。」那時，以為既然不遠千里來到雪山腳下，僅僅為了遠眺而不願意再花幾天時間，徒步進入讓自己置身雪山懷抱之中，這種想法姑且稱不上愚蠢，但總顯得有些可惜吧。直到後來，隨著自己旅行經驗增長，時間也越發久長，才漸漸明白所謂精神的疲乏，是任何人在長程旅行中必然會碰見的問題。

我以為倘若用嚴格標準去看待旅行與旅遊的不同，前者必然伴隨更深沉強烈的孤獨感。多數時刻，我們總以負面角度去理解孤獨的心理狀態，並且加以排斥與逃避，然而，那反倒是一種人們內心的常態。每個人總有一些心靈深處，是旁人無法企及的遠方；總有一些恬謐沉寂，是用以圓滿自我內在的取捨與省思。其實，這亦是對人類局限的認識及妥協，當精神潰堤成為得以接受並承認的事實，貴柔貴弱反倒成了一種堅強的表現。

如果說在將近十年的背包旅行裡，是否給自己帶來一些想法上的轉變與啟發，我想除了稍微更加認識自我內心世界以外，其他大抵是產生對於諸如：恐懼、孤獨、存在……等複雜問題的一點深刻理解。雖然認識的過程總歸是辛苦且漫長，但倘若生命僅有對生存的基本追求，那似乎便辜負「人之為人」的意義了。

午後的柏青哥時光

離開新潟以後，許多路段幾乎是沿著國道八號騎行，這條公路舊稱「北陸道」，江戶時代以前則名為「北國街道」，實際是由京都連結北陸地區到新潟的主要幹道。

呈現狹長形狀的福井縣，以「木ノ芽峠」劃分為嶺北及嶺南地區，位在敦賀灣沿岸的敦賀市，則是近畿與北陸的交界中心。早期嶺北地區與敦賀屬於越前國範圍，而嶺南地區則屬若狹國，進入明治時代以後，「廢藩置縣」政策才將兩域統稱為福井縣。

坐落敦賀市區北側的「氣比神宮」，前身為「越前國一之宮」，因為居處海、陸交通要道，同時為「北陸道總鎮守」，所以具有相當崇高的地位。神宮的外側，以高達十一公尺的大鳥居聞名，與奈良的春日大社、廣島的嚴島神社，並列為日本三大木造鳥居。著名的俳句詩人松尾芭蕉，曾於元祿二年造訪此處，因此神宮內部也能看到松尾芭蕉的塑像與俳句碑。

緊鄰敦賀灣海岸，有片生長著茂密赤松與黑松的地域，占地廣闊的松林群名為「氣比松原」，與靜岡的三保松原、佐賀的虹之松原，並列日本三大松原。關於此松原的形成有著「一夜松原」的傳說，「據傳在聖武天皇的時代，有異賊來襲此地。當時，這一帶突然震動，一夜之間海邊出現了數千棵松樹。樹上站著無數的白鷺鷥，彷彿是隨風飄揚的旗幟。異賊錯看，以為有數以萬計的敵軍，因此倉皇逃出。」[9]白天路過這裡，只覺整片松林原蔚為壯闊，雖然心中難起如傳說那般想像，但筆直林立的松林沙岸駐長，倒屬難得獨特的景觀。

從敦賀市南向穿過重重山巒，翻越追坂峠以後，隱約便能望見遠處的「琵琶湖」。琵琶湖是日本最大的內陸湖泊，由於法令保護完善，水質清澈見底，湖水幾乎未受汙染維持著天然狀態。湖的外圍有條環湖公路，

9.資料來源：一般社團法人敦賀觀光協會。

伏見稲荷大社。

我沿著西岸騎行，穿梭在兩側松林的車道間，晚風由湖面徐徐吹拂，搖曳著松林木群冠底的彼岸花。

彼岸花成群盛放，紅焰帶粉的花瓣及花萼，乘風揮蕩出動人舞姿。人們賦予彼岸花「悲鬱別離」的花語，這也是我第一次親眼瞧見。傳說裡，彼岸花開於冥界如血般的絢爛鮮紅，讓靈魂忘卻前世種種；親臨眼前，彼岸花倒是給人獨具風韻的感受，它的美豔使人情溢垂憐，倘若有所不及者，便是對這般自然之美無法把握的嘆惜。

在湖邊西北岸的高島市停留一宿，早晨準備從新旭站前小廣場拔營時，一轉身馬上被身後過路的歐巴桑叫住。她語氣高昂地喊出「哇！日本一周！」，隨後從自行車前方菜籃內，翻出一盒剛剛購買的三角飯糰。

我由她手中接過遞來的飯糰，觸感依舊溫熱，而未能及時表達自己的感謝之意，歐巴桑便很快地揮了揮手，騎著自行車匆匆離去。我杵在原地，不為她所表現出的倉促感到納悶，而是因為這份純粹於我總是過多複雜的理解，慣於分析行為背後動機，是自己思維方式所呈現的特質，但那似乎阻礙了與人之間情感的真誠交流。

總以為自己性格屬於坦然率真一類，每當遇見這般不計回報的付出分享，才了解自己身上仍然存有諸多算計。或許，這趟旅程給予最深沉的觸動，並非來自挑戰的樂趣，也不是對於美景的感懷，而是那些不斷重複發生在幫助與餽贈之間，隱藏其中那種與人為善的品質。

走在湖水西岸，耳機裡恰巧結束接連循環三天的小說《心》₁₀，雖然對於裡頭人性陰暗與狡詐的揭露，於我心裡產生非常強烈的衝擊，但我依然選擇相信，在作家筆下的孤情、冷漠、絕望與物哀，最終都是冀望彰顯人性光輝的安排。於文學面前，人性總是被赤裸裸地描繪呈現，現實的不堪往往比想像來得更為真實，但真正的良善背後，應當指向那些充分理解過後最終作出的選擇吧。

位在高島南邊三公里處，是近江地區歷史最為悠久的神社——「白鬚神社」，同時也是全國三百多座白鬚神社的總本社。相較神社本身的千年歷史，以沖島為背景的湖中鳥居似乎更加吸引遊人。背向神社面朝湖水，

遠方島嶼輪廓於湖面漂浮，朦朧薄霧打出遞層景深，景色充滿一股安然禪意。此刻，過分的雜念與揣想，似乎都是對前景的褻瀆與虛妄執念。繼續朝南走上半天時間，由大津市翻過幾座山坡，腳下緩緩展開的便是日本古都——「京都」。山徑道路是迄今翻越坡度最為陡峭的一條，而當天恰逢週日，想趕在京都博物館閉門以前進入參觀，否則隔日休館，行程將因此再推延一天。

我拚了命地於逆坡上行，汗流浹背、衣褲盡溼，匆匆抵達博物館大門一刻，不知該是幸或不幸，今年正巧是京都博物館建館一百二十週年，臨時閉關進行二天後的紀念特展準備工作。我徘徊於博物館門前，思索著是否值得為此耽誤逗留二天，然而，畢竟從歷史古都的意義上來說，京都博物館無疑具有它必須參觀的理由。計畫因此臨時更動，遂著手開始預訂停留住宿的事宜，我想初訪京都之美，是值得花上一點時間去仔細品嘗。

做為日本國寶的「三十三間堂」，與京都博物館僅一道之隔，正式名稱為「蓮花王院」。始建一一六四年，經過室町、桃山、江戶以及昭和年間四次大規模整修，至今已保存七百餘年。佛堂內供奉著一千零一座觀音立像，場面蔚為壯觀、法像莊嚴。大堂南面的瓦頂板心泥牆和南大門，統稱為「太閣牆」，是與豐臣秀吉密切相關的桃山時代重要文化財產。做為京都必覽景點之一，人潮自然擁擠，我並未多作停留，很快便轉往四条通上寺町京極一帶的膠囊旅館投宿。

旅館地處繁華街道側旁巷弄內，兩尺長的膠囊床位，空間格外安靜舒適。相較野外露營的標準而言，旅館條件無疑好上太多，而日本旅館對環境的高度要求，更提升不少住宿上的品質。

晚間，將自行車停放在旅館大門前，決定採取步行的方式漫遊古都。一路穿過先斗町街道，順著鴨川畔北行，再經由花見小路通，前往東側圓山公園腳下的八坂神社。古都之風韻，於路街形色各異的燈龕照映下，頗具一番迷人姿態，而商業熱絡的商店街道，亦包含紙醉金迷的繁

10.《心》是夏目漱石的長篇小說代表作，寫於一九一四年，作品風格呈現內心深層的探索與省思，以及人性善惡的衝突。

華。雖然此前對於京都的認識，大抵是通過「古都」、「金閣寺」……等等文學作品所描繪的想像，但憑藉親身走訪，我想京都之於美感呈現，並不在傳統底蘊的渾厚，亦非現代發展的軌跡，而是兩種衝突碰撞卻並存和諧的城市美學。

　　可惜的是，隔天打算走訪二条城、金閣寺、青蓮院門跡、平安神宮的行程計畫，卻因為鎮日大雨而不得已妥協。我推著自行車在中京、上京之間徘徊，思索著一處既能遮風避雨、又能體驗日本文化的地方；不知不覺間，走到一間柏青哥店前，雖然沿途見過不少，卻始終未曾進入體驗。在好奇心的驅使下，索性趁此機會入內了解一番。在日本各地，柏青哥店的密集程度並不亞於便利商店，甚至兩個月期間四處走訪，無論位置極其偏僻的鄉間，依然有柏青哥店的存在，這也算日本的一項獨特奇景。

　　緩緩推開大門，迎面地嘈雜聲響震耳欲聾，晃眼的光線搭配人潮，十分意外柏青哥竟然具有這般魅力。隨機找了角落位置坐下以後，便開始摸索其中的奧秘。大致說來，柏青哥的消費機型分別有〇‧二五、〇‧五、一、四日圓幾款，而按照中獎概率又區分成不同類型。機台內容主題取材多元，有游泳大賽、信長系列、大海物語、貞子、地獄少女……等各種，甚至搭上明星合作的AKB48及寫真女星都囊括其中。

　　選定機台以後，只要將鈔票插入收鈔口，機台上端就會顯示一排紅色數字；數字1代表一百日圓，依此類推就是卡片餘額。緊接著，按下機台上的「貸玉」按鈕，一粒粒鋼珠便會順著軌道傾瀉流出，看著鋼珠落入盤底，聽聞那清脆響亮地震鳴，無論視覺與聽覺竟也產生出某種享受。隨後，進入正式遊戲階段，只要將機台右下方的旋轉按鈕，依順時針方向轉往右端，小鋼珠就會從機台上方掉落。其中的操控技巧，便是要將小鋼珠打進底層中央洞口，而未能落入洞裡的，便是白白浪費了。

　　若是技術尚可，有鋼珠落進洞口以後，機台螢幕會開始播放劇情畫面，動畫具體安排什麼內容，端看所選的機型題材而定。由於我的主要目的屬於消磨時間，因此選擇中獎機率較高、花費低廉的「北斗無雙」機型。內容大致隨人物一層一層闖關，偶爾配合畫面顯示指令進行操作，不

（上）柏青哥店。
（下）先斗町。

過，整體而言並沒有太艱難的技巧。

　　倘若僅僅如此，那麼柏青哥似乎也並不至於令人著迷，所以機台還有一項設計稱作「確率變動」。也就是當中獎以後，再次中獎的概率將隨之提高，以此來留住客人。藉由確率變動再產生出幾類複雜形態，當「確變」模式的狀態下，又細分出「確變時效型」、「ST型」、「對戰型」幾種。每種機台都有不同的中獎機率與模式，雖然整體玩法如出一轍，但搭配不同的主題動畫而且所費不高，的確成為一項很好打發時間的休閒活動。

　　正因為柏青哥屬於合法的娛樂項目，所以在日本遍地林立，由於日本法律嚴格禁止店內進行任何現金交易，因此除了能夠兌換餅乾、飲料、日常用品以外，是無法直接交換等價現金。不過，其實可以將贏得的小鋼珠數量，與店家交換所謂的「金條」模具，然後再以金條去往周遭附近專門設置兌換的店舖裡，換回等值現金。

　　在裡頭磨耗整個午後時光，實際並未產生多少開銷，不過也沒有收穫任何金條。傍晚時分，眼見窗面雨勢逐漸緩和，陰沉雲空露出一隙微光；離去時，默默跟隨座旁的歐巴桑去交換金條，看著她手中揣懷豐厚的鈔票，臉上洋溢出青春般的燦爛笑容，柏青哥的魅力，似乎便也不難理解了。

最險峻國道

　　早晨迅速將行李收拾完備，完成退房手續以後，趕在博物館開門前就朝往東山區方向出發。雖然時間尚早，不過抵達博物館早已人山人海，皆是為著一百二十週年紀念特展的名氣而來，萬般騷動盛況空前。此次展出的文物，圍繞在書跡、考古、佛圖、繪畫、漆工、時雨螺鈿鞍……等幾類主軸，其中最為特殊者，當屬新潟縣笹山遺跡所出土的「火焰形土器」。千年前居住在信濃川流域的繩文人，觀察者藉由想像水流及水波等意象進行創造，通過強烈燃燒的火焰製作出深鉢形土器，不僅代表早期繩文時代最高的土器工藝水準，也展現出當時人們豐滿的感性與技藝。

其餘館藏部分，雖然多為平時難得一見的國寶級展品，可惜礙於觀賞人潮實在擁擠，很難逐一仔細端詳，著實失去不少參觀博物館的雅興。距離博物館南面幾公里處，是另一個人潮洶湧的著名觀光景點——「伏見稻荷大社」，該社為全國各地幾萬所稻荷神社的總本社，以社內的「千本鳥居」聞名。著名電影《藝妓回憶錄》曾以伏見稻荷大社的千本鳥居為背景，從此神社長年蟬聯外國觀光人氣排行第一名。神社整體色調彤紅透粉，給人感受爽朗清明，雖然熱絡人潮稍微沖淡神社的莊穆之情，但憑千本鳥居的碩然氣勢，其中迷人之處為稻荷大社增添不少靈境氣質。

　　下半天去往奈良的旅途上，一路與奈良線鐵道並行，持續朝南騎上約五十公里，依序經過伏見、宇治、木津地區以後，翻越平城山丘陵就算進入奈良盆地。奈良整體感受似乎未及京都那般熱鬧喧譁，反倒有著獨特難得的恬靜，以國際觀光都市而言，奈良本身圍繞一股安逸氛圍，而這種緩慢的生活步調總讓人甚覺歡喜。以鹿聞名的奈良，街道不乏許多「鹿」為標識的圖騰，隨處填滿動物元素的城市意象，使奈良別具一番風韻。

　　由於天色已晚，匆匆從超市買完食材以後，便很快去往奈良公園西北側的鴻池運動公園紮營。營地位處公園僻陋一隅，地面有著石塊切割矩陣排列的紋路，夜半星空清澈透亮，周遭宛若無人之境一般沉寂。此刻，感覺自己與世界維繫著某種若有似無的關係，薄弱而不牽強，眼前呈現一切即是實有，又同為虛無。

　　彷彿心底有股強烈的力量湧現，它引領我脫離感官的宰制，對服膺於理性批判思維產生抗拒，而是追隨在抽象精神的帶領下，去認識外部世界的模樣。或者多半時候，我們以為身體存在決定了生命的全部樣貌，身體即是存在的總體，但譬如當融入自然環境之中，很容易便能體會決定生命或任何現象的存在，並非僅僅通過身體或者其他形式，而是藉由絕對精神的內向回歸。

　　從奈良至大阪的路程，雖然僅有短短三十五公里，但兩縣交界聳立一座海拔六百公尺以上的生駒山，天然屏障使得翻越過程格外艱辛。地圖上端顯示的三〇八號國道，兩邊分別連接奈良市與大阪的中央區，自從奈

良時代開始，這條路線就是兩邊距離最近的道路。小徑蜿蜒峻險，路間最大傾斜角度甚至達到二十六度，急彎弧度也有31%，因此被譽為日本最危險的國道之一。道路兩旁，盡滿成片筆直蒼鬱的樹林，樹冠遮蔽住頂上曝晒的烈日，使得林間氣溫要比平地低上許多。

　　當地人稱之為「暗峠坡道」的山徑，最高頂點達四百多公尺，路面仍是採用傳統石板平鋪而成，特色格外鮮明，也因此獲選為日本百大優美的古道。一六九四年松尾芭蕉曾借道於此去往大阪，途間留下「菊の香にくらがり越ゆる 節句かな」的幽美佳句，對於險峭路況，亦有「この峠道を、車で通過するには、相当な覚悟が居る」的比喻。

　　道阻且長，爬坡不免得面臨一番辛苦折騰，暗峠坡道不僅讓上山之路尤其費勁，甚至就連下山時，也因為坡度陡峭而不得已下車步行。走完山徑四分之三路程，隱藏左側山林間有座平台──「枚岡山展望台」，由此眺望能夠看見整片的東大阪街景。目光所及之處，眼前先是淺近的蔥綠樹蓬，樹蓬身後，是低矮錯綜排列的房舍，圍繞在花園中央公園呈放射展開。更遠的盡頭處，矗立幾幢高樓於薄霧之間，直直伸往天際，彷彿使城市與天空兩者產生了緊密連結。

　　下午四點鐘，緩慢遠離山線以後，一路朝西走了將近二十公里才進入大阪市區。夜晚月色格外明亮，燈光交織彰顯出大阪的熱鬧繁華，恰逢十月五日中秋節，抬頭望向頂上的圓影裡，依稀映出幾分思鄉薄影的惆悵。

　　從前總以為思鄉之情不過是文人坐愁的感懷，或者文字呈於紙面的美喻，而當自己真正離開家鄉、遠離故土，才理解所謂的鄉愁，是一種隱藏情感間至深的羈絆。雖然善於遺忘及感懷，是人們身上難得的兩種特質，彼此看似相互矛盾的東西，卻在人的特殊性中獲得了矛盾的統一，人本身存在不就是一件神奇的事情吧？難道還有比腦海裡，同時存有兩種矛盾觀念更富含樂趣的東西嗎？

　　將近兩個月旅程，至今帶給我不少難得的體會，每天睜眼便是面臨許多的抉擇，關於路線、關於花費、關於林林總總旅途裡要處理的食、

（上）大阪城。
（下）和歌山城。

住、行問題。這些既如芝麻般的瑣事，卻又無時無刻使人處在衡量與取捨之間，久而久之，反覆精簡的過程彷彿一套自我價值觀的建構。對於平時生活裡的膨脹物欲，我們總是鮮少察覺，而藉由旅行的方式，直接迫使自己審視內心的貪婪。當欲望的總和終究不可能獲得全部滿足，因此取捨及剔除成了一種必然的選擇。重複經歷不斷地檢視、不斷地省思，人的極致最終必然導向「簡」與「素」的生活，這似乎也是日本文化精神的高度概括。

「簡素就是簡易平淡的價值追求和內外工夫，簡素精神就是崇尚思想內容的單純化表達，認為表達越單純，其內在精神就越高揚。西洋文化重知性，求華麗展開，而東洋文化尤其是日本文化重感性，求回簡素，前者是分析，而後者是綜合。」₁₁日本文化就是在這般質樸的追求中，獲得了精神層次的厚重沉積。我想日本之行所帶給我的，不僅是一段單純的旅程，更多是歷經沉澱過後的文化省思。

從大阪順著海灣走上兩天，沿紀伊路經過和歌山、御坊，最後抵達酒田市南邊的白濱町。來到白濱已邁入旅程第六十天，時間估算大約走完全程的三分之二，在這段期間裡，無論是精神或者體能層面，似乎都瀕臨一種極限狀態。內心迫切地渴望休息、渴望著安逸，渴望不用再面對每天不斷地移動騎行。雖然心裡產生一股強烈的倦怠感，但我仍然清楚明白，距離完成目標依舊遙遠。或者，比起遊走在極限邊緣的感受，我更好奇當自己真正面臨崩潰之時，將會作出的自然反應與選擇，是失控、悲傷，又或者絕望。這種認識自己的手段，似乎帶有某種偏激的執著，但卻是最為真誠面對這個世界的方式──「永遠年輕、永遠熱淚盈眶」₁₂。

有些際遇，將在未來某一刻突然明白

應了一個多月前朋友渝臻的邀請，來到和歌山縣西南角的白濱町，她不僅介紹先前位在石川縣的陳醫生認識，也早早透過文字向我具體描繪出，她工作所在地白濱附近的海灘美景。

位處鉛山灣沿岸的白良濱沙灘，石英砂質雪白柔亮，透淨的浪潮逐波而至時，充滿著熱帶南洋島國的憧憬。淺淺海灣宛如一輪新月，靜置在這塊小小的海灘旁，岸上棕櫚隨風輕擺搖曳，當我們漫步沙灘談論著關於工作、夢想之類的問題時，感覺眼前這般景象比夢想來得更不切實。我對於如她一樣隻身留在異地工作的人，總是充滿深深的佩服，或許於他們血液裡，天生帶有流浪的因子，所以才能克服一人留在異鄉的萬般孤獨。

在白良濱沙灘南端一側，是緊鄰大海的白濱溫泉，與有馬溫泉、道後溫泉並列為日本三大古湯，早在《日本書紀》與《萬葉集》裡，便可窺見對白濱溫泉的描寫。白濱溫泉同時與別府溫泉、熱海溫泉並稱日本三大溫泉，因此說具有日本溫泉的指標性代表，一點也不為過。其中，更有一池將海岸岩石挖成浴槽的露天溫泉──「崎之湯」，據稱是千年以前天皇在此入浴的場所。浸泡在池水裡，大海距離近在咫尺，一面享受湯泉的溫熱包覆，一面聽聞海浪拍打的無盡濤聲，沉浸在太平洋一端的古老溫泉，即使時光虛度也不覺有任何惋惜。

傍晚，我們騎了十多公里的自行車，去到田邊市區海畔廣場上，等待每年秋季的田邊花火大會。長達三十分鐘的花火高潮迭起，當七彩斑斕的煙花照亮田邊灣夜空時，燦爛著整個田邊市，也燃起了太平洋的秋風。此刻終於明白，先前她不斷向我推薦，必定要觀賞日本煙火祭的理由。

隔日清晨，從住所廳堂朝向窗台望去，陽光穿過大海透進成面窗牖，當光線從海水彼岸的山巒爬升，彷彿大地也正於眼底緩緩甦醒，厚厚的雲層被晨曦染得火紅，陽光於海面上闢出一道粼波，不知何時，我又伴著這般景致沉沉睡去。

再次醒來時，桌上早已靜放一份早餐與熱茶，是她趕在上班以前親自準備的，當下我知道再也沒有意志頹喪的理由。此前精神狀態顯得特別困乏，厭倦每天醒來便是收拾、整理、打包、上路的重複工作，更對每天移動與騎行感到有些厭煩。心裡壓抑既無處排解，而旅程依然得繼續，但

11.岡田武彥著；錢明譯：《簡素：日本文化的根本》，北京：社會科學文獻出版社，二〇一六。
12.引自：Jack Kerouac著，《達摩流浪者》。

當感受到身旁朋友熱情對待時，又給了我繼續堅持的理由。

　　雖然，是自己選擇以克難的方式旅行，卻經常沒有展現出應當的能耐去忍受過程的艱辛，總需仰賴別人幫助來克服內心陰影，這使我清晰看見自己軟弱的一面。出發以前，道別永遠顯得匆匆忙忙，臨走時她遞給我一個填滿食物的袋子，裡頭裝有早晨做的三明治、冬瓜茶，還有維他命與小零食。或許在短短一天半的相處時間裡，並沒有更多機會深入交流彼此的想法，但我想正如她所說「有些事情的遭遇，是為了在將來某一刻突然明白」，即便相遇過程是如此短暫而侷促，也必然帶有某種重要的意義吧。

第七章

Shirahama cho → Miyakonojo shi
153 hrs / 915 km

離開白濱町，再次回到幾天前所走過的蜿蜒路徑上，山巒綿延地勢起伏，對體能造成不小的負擔。傍晚五點鐘，結束當天全程一百二十公里的騎行，來到市區西側的和歌山港邊，由這裡轉搭二個小時的渡輪，越過紀伊水道前往四國德島。日本做為海島國家，自然具備成熟的海運交通條件，往往能夠以更加低廉的費用，完成兩地之間移動的目的。搭乘日本海上交通工具，不失為著重體驗，或者窮遊旅人的選擇之一。

　　輪船在晚間九點半緩緩駛入德島港，遠處朦朧的輪廓，逐漸化為眼前的燈光；我隨在幾輛重型機車之後，步出船艙，德島的空氣溼潤透涼，彌漫一股海港的清新。

　　德島市屬由吉野川沖積而成的平原，市內多達一百條以上的河域，河道支流眾多，將城市陸地一塊一塊給區隔開來。市中心西南端，是全區海拔最高之處的「眉山公園」，登上四百多公尺的頂端，便可以一覽德島全景，這裡也是四國非常著名的夜景勝地。

　　德島另外一面獨特風景，莫過於每年八月份所舉辦的盛典——「阿波舞」，日本全國所熟知的德島阿波舞，前身是從古代留傳下來的德島盂蘭盆舞。據傳，德島地區阿波舞最早始於一五八七年，當時德島藩的藩主蜂須賀家政為了慶祝德島城建成，在城邑廣設酒宴，喝醉了的市民手舞足蹈起來，這便成為阿波舞的起源。

　　晚間，騎著自行車遊走在新町川兩側堤岸上，四處尋覓著當晚的露營地。德島市區充滿水道流域，因此氣溫顯得格外涼爽，在市中心裡繞上一圈未能發現適合紮營的地方，最後索性回到德島城跡一角，省去隔日來回奔波的折騰。

　　位在德島城跡緊臨鷲之門一端，是德島城博物館。外觀呈單層式綠色瓦頂建築的博物館，十分具有古樸風韻。裡頭主要蒐集並保存有關德島藩，以及藩主「蜂須賀氏族」的歷史文獻；入館大堂處，正位擺放一具「革包丸龍文二枚胴童具足」，名字如此複雜且拗口的藏品，據說是當年阿波國德島藩初代藩主「蜂須賀至鎮」，初臨關原合戰時所穿戴的鎧甲。當時，蜂須賀至鎮在僅有十八騎的情況下，果斷選擇加盟以德川家康為首

的東軍，在戰後因功受賞獲得統治阿波國的領土，而此鎧甲也能說象徵著德島藩的成立。

在蜂須賀家進駐阿波國以後，到廢藩置縣的兩百八十六年間，館裡詳細記載著「德島藩的成立、中期政治、德島幕末——維新」的三個發展階段過程。另外，館內一側藏有一艘全國現存最古老的日本船「德島藩御召鯨船 千山丸」，將德島的傳統歷史及發展，一五一十地收藏於這座小小的德島城中。博物館外側，坐落四國四大名庭園之一的「德島城表御殿」，該庭園為阿波、淡路二國二十五萬七千石諸侯「蜂須賀氏」的居城，庭園由茶人武將「上田宗箇」所設計建造。雖然規模不大，以枯山水和假山池、水庭構成的回游式庭園，卻充分體現出桃山時代的庭園風格，因此也奠定庭園文化當中的珍貴藝術價值。

上半天走訪完一圈博物館與德島城跡以後，約莫中午開始沿著十二號公路西進，行駛在吉野川的北岸堤防，地勢由遼闊的德島平原，漸漸進入一條狹長山地。雖然夾於兩側山脈間的平原公路騎行，景色難免單調乏味，但相比不斷翻越山脈的起伏路段來說，平地騎行則輕鬆許多。即使單單一個下午，也幾乎橫穿整個四國中部將近六、七十公里的路程。

四國公路沿途，有不少身著白布衣、披掛輪袈裟、手捧納經帳的「巡禮者」，正依循千年以前弘法大師所留下的足跡，徒步走在「四國八十八箇所」的巡禮道路上。這條朝聖之路，藉由四國島境內八十八處與大師有淵源的寺廟，共同串聯而成。早期四國遍路很大程度依然具有濃厚的宗教意涵，直至江戶時代，才逐漸開始進入大眾化的視野裡。現在所形成的「四國遍路」概念，儼然已經成為一條具有特殊意義的巡禮之路。朝聖者不再受限於日本僧侶，也有非常多來自各國的遊客，希望藉由這條朝聖之路的徒旅，更深刻地去接觸、認識佛學思想，進行自我精神挖掘工作，甚至產生鍛鍊意志或者祈願的作用。

晚上來到夾藏於山巒間的「三好市」，是一座將近九成土地面積屬於山地的山麓城市，與其說是城市，反倒更像保留著日本自然魅力的鄉村。這裡的景觀充滿豐富變化，並以秘境「祖谷」而聞名，與歧阜縣白川

鄉、宮崎縣椎葉村，共同獲選為日本的三大秘境。

三好市南端的山谷間，有條湍急的山澗溪谷──「大步危」，大步危的兩側峽谷是陡峭峻險的結晶片岩，可以搭乘遊船於溪水上漂流，欣賞著自然衝擊而成的峽谷地貌。從三好到四國中央的過程，屬於不斷攀升的上坡路段，沿途景色秀麗，一片綠意盎然，峽谷間呈現錯綜的高低落差，使眼前景象富含遞層的效果。公路沿旁兩端，生長不少野生的柿子樹、柑橘樹，以及栗子樹叢，樹梢末端結滿豐碩的果實，彷彿藉此悄悄捎來秋末的訊息。

我將自行車放在一旁，沿路撿拾不少掉落地面的栗子。栗子外端，包覆一層深褐色的尖刺絨毛，形狀尤其特殊。大概由於果實受到密生尖刺的總苞保護著，所以即便鋪滿地面，也並未見到動物前來撿食。沒一會兒工夫，便也蒐集滿滿一袋野生栗子，成為之後路上的免費點心。

從北海道的昆布、東北的柑橘，再到四國滿山滿谷的柿子與栗子，大自然裡充滿一切生活的所需資源。從這般採集的過程當中，我感覺生命彷彿重新回歸一種純然的狀態，獲得對生命不同的理解。這些藉由自己雙手去獲取的食物，入口瞬間更多是滿溢著珍視之情，對食物的情感不再淪為表面粗淺的認識，而是發自內心的真誠感激。某些時候，人們應當主動尋求一種原始的回歸，去體驗不便利的生活，那些經驗能夠讓人重新檢視自己，審視自我與生活周遭一切事物的關係，而非始終禁錮於環境所帶來的局限裡。

道後溫泉

抵達四國的終點站「松山」，時間已是深夜，緊接著準備隔日由港口搭乘渡輪，渡過瀨戶內海去往北九州。松山為四國地區最大的城市，境內擁有眾多古蹟，並以松山城與道後溫泉最為著名。許多日本文豪，譬如：正岡子規、夏目漱石、種田山頭火……等人，都曾長期生活於此，所以松山又被譽為「溫泉、城堡、文學的小鎮」。

（上）進行寫生的日本學生。
（下）四國遍路巡禮者。

位於市區東北側有座日本最古老的溫泉——「道後溫泉」，據說迄今約有三千年歷史，早於神代時期便被發現，傳說從前皇族聖德太子也曾造訪過這裡。關於道後溫泉的起源，現今存有二種不同的傳說：一是據稱古代有隻腳部受傷的白鷺，飛經此地時，將腳泡在岩石間流出的溫泉裡，而傷勢竟神奇地立刻好轉，隨後展翅飛去，從此溫泉的神奇效用便流傳於世；另一說法是，相傳「大國主命」將生病的「少名彥命」放在溫泉中浸泡，隨後疾病就立即獲得治癒，並且高興地在石頭上手舞足蹈，因此留下了「玉石神話」的美麗傳說。

進入道後溫泉本館裡的「神之湯」，東、西兩間浴池牆面上，就有描述兩則傳說的青瓷彩繪。通過館裡的「御成門」，可以抵達桃山時代建築風格的「又新殿」，古時這裡做為皇室御用的專用浴池，現今已面對大眾開放參觀。道後溫泉裡還有另個特色景點，是與近代日本知名文學家夏目漱石相關的「少爺室」，在夏目漱石的小說《少爺》裡，便有大量描繪道後溫泉浸浴的場景。如今溫泉會館頂層，依然保存著當時夏目漱石浸泡溫泉以後的休息室，因此道後溫泉不僅做為著名的觀光標地，更是對日本文豪的生活及創作，產生不少深遠的影響。

在松山的第二天上午，除了等待當天晚間九點發往九州的船班以外，並無其他計畫安排，因此慢慢步行攀登至湯築城山頂。登頂後，我依坐在一樘大榕樹下，眺望整座松山城景，享受著涼秋裡的溫熱陽光。似乎許久沒有感受這般悠閒生活，既不用倉促整理行囊，也無須趕著騎行上路，適時讓緊張的狀態鬆懈下來，對精神與體能總是非常好的調適。爬山的路程上，瞥見湯築城牆一角有群日本小學生環環而坐，在老師的帶領下進行著戶外寫生活動。類似場景在騎行日本過程中隨處可見，戶外教育在日本似乎是種常態。

走訪日本各地，日本教育給我留下的印象非常深刻，無論從鄉村到城市，由沿海到內陸，處處可見進行戶外教學的學生身影。內容既包含田園勞作，也有繪畫寫生，注重自由探索與自主學習的過程，使學生有更多機會置身環境當中去思考及體驗。所謂體驗教育的本質，是著重將活動過

程所獲得的體驗，與自己的經驗建立連結，進一步透過內省產生新的經驗，然後將其應用到生活層面當中，呈現一種內化於生命裡的學習過程。

而這種從小建立起人與環境的連結，能夠培養對周遭事物的關懷，以及包含以美為對象的具體觀察及認識，使人的內心狀態，產生與自然緊密的內在聯繫。藉由這層意義，讓人們培養出有關美學形式的感知及把握，還有探索堅持的研究精神。

另外一項特點，則是日本教育對生活中獨立性格的養成，人格獨立訓練及培養必須建立在相對安全的社會規範之上。走在日本街道上，不難發現許多年齡非常小的學生，獨自步行往返於學校與住家之間，倘若路間碰上道路施工等問題時，即便工程甚小也必定指派兩、三人從事安全引導工作。這層細緻的安全保障機制，拓展至群體心理，便成為一種社會安全的共識基礎，使幼童在成長發展過程裡，既能產生獨立性的自主空間，也提供避免安全隱患的風險。

再見，少爺

湯築城山腳一側，有幢灰白色的現代長形建築，是松山市立正岡子規紀念館。正岡子規生於愛媛縣松山，是日本明治時代重要的俳句和短歌先驅，在極其短暫的一生中，展現出豐厚的文學才華，不僅是日本近代文學巨匠，對俳句、短歌、新體詩……等等領域，都具有極高的貢獻。

而今年恰逢正岡子規一百五十週年紀念，因此館裡展出許多從未公開的手稿。正岡子規對於美學有著非常獨到的見解，他認為「美分為積極與消極二種。積極之美其意匠壯大、雄渾、勁健、豔麗、活潑；消極之美其意匠古雅、幽玄、悲慘、沉靜、平易。而東洋的美術、文學傾向於消極之美。」[13]這似乎也是日本文藝美學裡，一種獨特鮮明的概括。

他對美學的把握，不僅突顯在繪畫與俳句裡，甚至當自己與好友夏

13.黃雲鑒：《正岡子規人生的啼血哀鳴之美》，湖北經濟學院學報，二〇一一。

目漱石別離時,也藉由俳句傳達內心裡的淡淡憂愁。「行く我にとどまる汝に秋二つ」14(我去你留兩處秋),這是當年子規準備出發由松山去往東京,而夏目漱石依然滯留在松山時,兩人惜別之際藉由秋天所闡發出的感懷。這不僅呈現詩人渾厚卻意欲薄發的情感,也表達出子規思緒裡簡約寂寥的東方美學。

離開紀念館以後,朝往遠方坐落山巔的松山城而去。盤據市區海拔一百三十二公尺勝山頂上的松山城,城裡擁有日本國內僅存十二座,江戶時代以前建造的天守閣。一六○二年,當時大名「加藤嘉明」計畫在道後平野的中心勝山築城,前後歷經二十五年時間,於一六二七年完成松山城建築,成為當時江戶時代末期的重要城堡。傳說,當年松山城築城時,在山下的護城河裡,曾發現一隻金色烏龜,從此松山城又有金龜城或是立龜城的別名。

由山下登城道入口處,一路攀登在樹蔭濃密的石板步道上,通過黑門跡、大手門,再穿越太鼓門以後,便能抵達天守閣。松山城頂端視野開闊,從外側廣場就能瞭望整片松山平原及瀨戶內海,東邊一側,則是受到觀音山、勝岡山、大久保山的群山環抱之中。山頂景色令人心曠神怡,當滾滾紅日逐漸消逝在遠方弁天山身後,緩緩沉入伊予灣海底,黯淡的光線才讓人驚覺天色已晚。我摸黑從登城步道下行,密林使薄弱的光線更加難以透進,四方樹梢上成群昏鴉啼鳴,腳下歸途遙遙,林間卻彌漫著一股濃郁的花香。

晚間,再度回到道後街上,享受著難得的湯泉。位在步行區路口處的少爺鐘,時鐘本體間隔每小時就會升起,隨著音樂一一出現小說《少爺》裡的登場人物,陶瓷人偶搭配悅耳旋律,呈現一段精采表演,我在「少爺」的目送底下,朝往西岸的港口而去。

船班在晚上九點五十五分起航,而十分鐘前我依然還在前往港口的隧道裡,沒想到港口竟然位於一座山脈之後,所以經歷爬山、穿過隧道,最終才能抵達松山港。由松山到小倉需要七個小時航程,最便宜的二等艙票價,大約是五千多日圓。船上娛樂設施一應俱全,從柏青哥機台、便利

商店，甚至包含單間的溫泉澡堂，讓乘船過程十分有趣。於大通舖裡過上一夜，清晨便能抵達北九州的小倉港，雖然短短三天的四國騎行顯得有些概略倉促，但內心存有遺憾，不失為將來再次來訪的理由。

溼溼漉漉九州行

清晨五點鐘，天色尚未完全透亮便抵達小倉港，在座艙廣播不斷地催喚下，乘客們開始一一步出船艙。雖然九州與四國僅僅一海之隔，但天氣卻呈現南轅北轍的差異，離開松山時，白天仍舊萬里無雲；來到九州，天空卻飄起綿綿細雨。隨處找到一間距離港口不遠的便利商店，連上wifi打開手機查詢以後，心底猛然一涼，預報顯示未來九州整個星期都將是雨天。

下雨總是我最不想面對的情況，加上全島百分之八十五以上的山丘面積，讓騎行成為極其痛苦的過程。或許，單憑文字難以描述，究竟在風雨裡騎車是多麼令人厭惡的事情，不僅要淋上足足十個鐘頭雨水，並且要將載有二十公斤行李的自行車，或踩、或推慢慢前進。雨衣裡是悶熱的汗水，外端是溼冷的雨水，即便忍耐這種黏膩溼漉的煩躁，還是必須繼續向前。倘若運氣不佳，遇上連綿不斷的雨勢，那時就算防水工作進行得完善到位，還是難保行李中的衣物、睡袋、帳篷能夠不被浸溼。屆時無論如何調整心態，將磨難視為修行，也無法掩蓋內心厭怠的感受。

走在南向的十號公路上，左側足立山被一層迷霧給籠罩著，山尖完全消逝於迷霧裡，而盤腰隱約露出朦朧的輪廓。眼前呈現一幅自然潑墨山水畫，天空黯淡雲色是自然界裡的留白，我彷彿化作一名水墨裡的行僧，苦苦尋覓意象中的禪意。

路間，在築城空軍基地旁發現一顆落滿果實的樹叢，樹叢底下有不少類似杏仁的果核。淺嘗幾口，味道帶有特殊的苦澀口感，我下車撿拾許多，填滿了車籃、背包及口袋，打算做為之後旅途的零食。

14.正岡子規：《寒山落木》，卷四，明治二十八年。

一路持續騎了八十公里，來到位在宇佐市南邊的「宇佐神宮」，宇佐神宮是日本全國四萬多間八幡宮之總本宮，裡頭供奉著日本戰神、日本皇室的祖神。神宮外側的鳥居上，並未掛設神宮名牌，目的是為了突顯神宮的重要性地位，也代表具有崇高的神格。

　　雖然宇佐神宮貴為「神宮」級別，但並沒有因此出現大量參拜人潮，或許做為觀光景點而言，宇佐神宮名氣並非十分響亮，但若看作難得的隱藏秘境，這裡有別其他總宮的熱鬧景象，宇佐神宮有著千年獨特的清幽神韻。沿著外側的夫婦石、本殿旁巨大楠樹、御靈水池畔繞行一圈，位於西參道寄藻川上的吳橋，只有當十年一次的「勅使祭」時才會開啟，相傳這一天八幡大神將會下凡，藉由通過吳橋進入到宇佐神宮。

　　當我準備離去時，停在神宮外頭的自行車上，忽然出現一張寫著中文的名片。名片上端，留有一排電話號碼，據此聯繫到位在宇佐市役所工作的台灣人「阿瑋」。當天他正巧來到宇佐神宮考察，撞見了我懸掛自行車上的豎旗，由於同樣是自行車愛好者，因此熱情地留下了自己的聯絡方式。

　　晚間，乘坐他的車輛朝往市區方向，我們一起品嘗肉質嫩軟、令人吮指回味的九州炸雞。餐後在我的提議下，兩人重新回到宇佐神宮前，決定夜覽神宮風采。夜半走在神宮參道上，兩側燈龕隱約點亮腳下的石板步道，如果白天的神宮，是充滿著非凡脫俗的靈氣；那麼夜晚的神宮，則是獨具一股超然而上的氣質。朱紅色宮殿外牆，透露出幾分優柔高雅，在橙黃色燈光照映下，顯得更加肅穆莊嚴。本殿外側成排鉻綠方格窗台迴廊，讓坐落於寂靜裡的神宮，宛如仙境一般神聖無瑕。

　　隔天上午，去到阿瑋家附近的連鎖餐飲「Joyfull」用餐，第一次嘗試將納豆、生雞蛋、米飯，均勻攪拌之後嚥下。口感濃密黏稠，味道有些神妙精微，我想除了清淡健康以外，似乎找不出愛上它的理由。約莫十點半鐘，離開他位在小坡上的住所，雖然彼此接觸時間非常短暫，但卻像是早已認識許久的朋友。旅途中所接觸的對象，或許情感總是自然流露，因此即便時間基礎薄弱，但記憶裡卻依然永遠真誠。

（上）道後溫泉。
（下）宇佐神宮。

我一路由坡道俯衝而下，回到主幹道的十號公路上，剛騎出宇佐市區一、二公里，猛然一個右彎便緩緩駛入山區。山坡沿途出現許多樹冠茂盛的「龍貓樹」，所以名之為龍貓樹，因為上頭掉落的果實，正似卡通龍貓裡的那款小豆豆。放在手心上仔細端詳研究，似乎與昨天路上蒐集的果核屬於一種，不過尺寸大小有所不同罷了。依照慣例，也將掉落地面的果實慢慢蒐集，雖然味道略苦，不過若是加點鹽巴翻炒以後，應當也是不錯的零食。

整趟山路除了龍貓樹以外，更多是結實纍纍的柿子樹，一粒粒甜柿橙紅飽滿，將樹梢枝幹壓得沉下腰來，彎曲的枝頭掛著紅柿，彷彿用自然的紅潤迎接往來擦肩而過的人們。本地人不知為何對柿子並不感興趣，滿坑滿谷盡滿野生柿子樹，任其果實高掛也無人理睬。其數量之多，從旁而過時連自行車也無須停下，隨手拈來就是一顆。雖然在野外生長的柿子，外表有些其貌不揚，但口感及味道卻是驚為天人。柿子軟硬適中、滋味甜美回甘，即便譽為畢生品嘗最可口的柿子，一點也不為過。

走在這條人煙罕見的山徑上，沿途採、沿路吃，倘若陽光出現得更加勤快，或許還能多採上一些曝晒製成柿餅。持續六、七個鐘頭爬坡路段，在外部目標產生精神移轉的作用下，身體的疲憊很快便也熬過。

從別府市南向的小倉街道，緊鄰別府灣有條綿延十五公里的自行車道，車道空間寬敞，左方海色遼闊，堤岸偶爾出現零星幾顆棕櫚樹，身軀直挺，在海風不斷吹拂下搖曳。

從大分接續翻過幾座山頭，內心盤算趁著天氣條件許可，多趕上一點夜路去往「佐伯」。雖然最後抵達佐伯市街，天空早已黯淡無光，但體能上似乎並不覺疲憊。圍繞在山巒間的谷灣城市佐伯，周遭依序是栂牟礼山、高城山、龍王山及灘山，群群山脈環繞之下，東部海面還橫臥一座「大入島」，雖然城市規模精緻小巧，但充滿著一股濃濃的鄉間與漁村風情。

短暫一夜停留，隔天再度重返山林。大分縣與宮崎縣以宗太郎峠為界，越過宗太郎峠以後，道路大致呈現平緩下坡。約莫向前二十公里，進

入宮崎縣第一座城市——「延岡」。位在延岡西北側的「可愛山陵」，傳說是日本神話裡天孫「瓊瓊杵尊」的陵葬之地。瓊瓊杵尊是天照大神之孫，受命從高天原降臨至葦原中國，從此展開對日本的世代管理及統治，如今，這也成為日本人自稱天孫民族的原因。

　　陵墓山坡底下，有間低矮的傳統木造平房，是江戶時代末期薩摩藩武士西鄉隆盛宿陣跡。西鄉隆盛做為幕末的武士階級代表，同時也是日本近代「維新三傑」人物之一。當年，正式與明治政府決裂以後，於一八七七年爆發日本史上最後一場內戰「西南戰爭」，做為舊薩摩藩領主的西鄉隆盛，獨自對抗來自明治政府的新勢力。在薩摩軍跟政府軍的和田越決戰中，這裡就是西鄉隆盛率領的薩摩軍節節敗退、最後布陣軍營之處；據傳，也是西鄉隆盛宣布解散薩摩軍，並將陸軍大將的軍服燒毀之地。最終戰爭以政府軍的完全勝利收場，隨著西鄉隆盛以切腹的方式自決，也宣告日本武士時代的正式終結。

　　西鄉隆盛不僅在日本近代史上，具有推動歷史進程發展的重要意涵，與台灣之間的關係，其中也飽含複雜的歷史淵源。他不僅於十九世紀中葉曾經密訪台灣，據說更曾在宜蘭定居過一段時間。而長男西鄉菊次郎後來擔任台灣日據時期首任宜蘭廳長，任內修築中山橋、進行宜蘭河的整治工作。閱覽宿陣跡資料館裡的文獻介紹，意外認識到日本百年前的二代人物，竟與家鄉宜蘭有著如此深刻的歷史連結，除了驚訝之餘，更因為這份偶然的緣分，彷彿注定要在這偏僻一隅的村鎮裡相遇。

　　傍晚，走在南邊「日向市」的郊區道路上，天空猛然驟起大雨，雨勢一直持續將近四、五個鐘頭，卻沒有出現絲毫和緩的跡象。我受困在路旁緊鄰柏青哥店的古貨市場裡，暫且不知去往何處落腳，每當沿海城市下起雨來，伴隨海風總使氣溫要下降許多。時間已接近十月中旬，溫度偶爾探出入冬的影子，帶著這般寒冷困頓，最後等待商店全部打烊以後，才蜷縮在被風一處的角落裡紮營。

　　雖然，對於這般流浪生活似乎早就習以為常，但某些時刻心裡依然會產生強烈質疑，懷疑眼下正在經歷的艱苦，實際上是否必要值得？又

或者究竟具有何種意義？但也許在質疑的過程中，就足以視作自身的意義支持，當心底產生懷疑的時候，似乎才真正說明生活裡帶有主觀選擇的契機。

雨水由日向一路下到宮崎，將近三十個鐘頭持續不斷，搭配連綿起伏的山路，將所有騎行的艱難條件一併湊齊。每當下雨時間一長，穿著雨衣似乎便也沒有多大意義，身體總歸是要浸溼的，而脫去又難以承受刺骨的寒氣。先前據說南九州的宮崎，是日本國內僅次於沖繩日照最多的城市，年平均日照時數超過兩千小時以上，但似乎路不逢時，趕上了接連的陰雨氣候。

位在市區宮崎綜合博物館一旁，是神道信仰中地位崇高的宮崎神宮。殿宇裡供奉著日本首代天皇「神武天皇」，以及父神「鸕草葺不合命」和母神「玉依姬」。傳說神宮是神武天皇遠征東方時的宮殿，由筑紫開拓者「健磐龍命」[15]所創建，而當時建造神宮所需的木材，遠從百里之外的霧島狹野神社境內野杉木林採集而來。神宮裡成片杉樹、松樹林生長茂盛，東面神苑更有一棵樹齡超過四百年以上的大白藤，為宮崎神宮增添不少莊嚴意境。

走進東神苑側門入口，裡頭野生動物似乎也頗通靈性。在我前腳剛剛跨入石欄，四、五隻野貓便迅速地上前圍觀。其速度之快、身手之矯健，還沒能弄得清楚牠們從哪裡出現，幾隻一溜煙地便竄往樹上，幾隻則是繞著我開始轉圈，彷彿想從頭到腳將眼前這位「入侵者」仔細打量一番。其中一隻帶有琥珀色目光的黑貓，身後佇立著兩隻日本絹絲雞，渾身覆蓋潔白羽毛直到腳盤，模樣好似穿了一雙毛茸茸的白靴，不僅奇特可愛，而且顯得十分雍容華貴。

沿著園內步道而行，穿過四戶傳統木造民家園以後，出現在前方的立方建築就是宮崎博物館。該館為一座含括歷史、民俗、自然科學三項領域的綜合性質博物館，從自然到人文、遠古至現代，各個時期及展覽介紹

15.傳說健磐龍命是神武天皇之孫，為日本神話裡的神祇，也是阿蘇神社的主祭神，一般被視為阿蘇山之神。

與阿瑋。

一應俱全。平心而論，日本在公共領域的建設工作，態度總是令人深感佩服，並且願意傾注大量資源進行公民教育培養，處處感受得出日本對國民水準的重視與用心。

　　入夜以後，雨勢仍然並未停歇，雨水落在中央公園裡的湖面，而我露宿在一旁的亭子底。雖然與熱鬧繁華的宮崎車站僅有一區之隔，自己卻彷彿正被世界給遺忘著。頂上圓拱的涼亭屋瓦，弧面將雨水匯集成一道水流傾瀉而下，激起泥壤間的環環漣漪。漣漪好似大地吐露的回聲，水紋則自由漂蕩在一座寂靜心湖，季節更迭所產生出的萬千憂緒，不如漫漫長夜裡芳華歲月的獨語哀愁。

　　隔天，很意外地將近十點鐘才緩緩醒來，也許因為天氣逐漸轉涼，加上接連幾天翻山雨淋實在疲憊，因此渾然不覺地睡過了一個上午。直到帳篷外側傳來鴿群的跫然足音，才催促著我盡快收拾行李出發上路。上天給予怠惰之人的懲罰，似乎是當你準備起程時，原先短暫和緩的雨勢卻又再度落下。自然中風雨的磨練，讓性格頑強的石頭，也會因此慢慢磨去稜角而變得圓融，人永遠改變不了自然環境，只能試著轉變自己的心境。

　　持續兩個多月的旅程裡，身體上也產生不少變化，除了體重直線下降將近五、六公斤，腿部及腹部也變得較為結實。回憶最初的半個多月時間，每天夜裡總要重複經歷因為肌肉抽痛而驚醒，現在適應後則很少出現不適症狀，這大抵是個值得慶幸的事情吧。

失敗的烤魚計畫

　　傍晚抵達宮崎縣西南端的「都城市」，該市介於宮崎縣與鹿兒島縣之間，並為兩縣往來的交通中心。途經路過的一位歐吉桑，特意站在路旁揮手將我攔了下來，我們試著交流溝通，約莫十分鐘後依然不太明白他的意思，僅隱隱約約從語句間聽出「USA、Taipei……」等字眼。最後，他不過是想從手裡遞給我一千圓，並且傳達要我好好加油的意思。或許，這份金額並不算多，但藉由富含感染力的熱情，再次使我感受到日本人的溫

暖關懷。

每當入夜以後氣溫總是非常寒冷，都城一晚紮營的山坡公園營地附近，有許多枯枝及水源，雖然環境裡一切資源都非常潮溼，但仍然想嘗試升起一座篝火取暖。我將沙地挖出約三十公分深的土坑，在土坑上端搭起錐塔形、四方形的火造，幾次努力以後終於燃起一絲火苗，但轉眼間火苗卻又立刻消逝。此刻，感覺「赫菲斯托斯」16正在離我遠去，即便付出再多辛勤也是徒勞。由於周遭條件並不利於生火，就連原本準備為了烤魚計畫特地採買的二尾馬口魚，最後也因此白白地浪費了。

幾年來的野外生火經驗，卻在日本遭遇頭一次失敗，這讓人十分難以接受。不過，卻也藉此獲得一個體悟「成長往往並不意味著接受成功，而是在於如何面對失敗。」

一件事情即便有著再多成功經歷，反覆完成過數百次以上，也並不足以代表下一次能夠獲得同樣結果。每一次的發生都象徵全新開始，倘若態度高傲自恃，狂妄心態只會讓人更難接受失敗事實，並且全然忘記過去的成功喜悅。

殘存不多的高山瓦斯，也在燃沸一鍋關東煮以後完全殆盡。或許一切過程都顯得事與願違，但畢竟面對自然萬物時，人的心底唯有崇敬。當自然眷顧著你，生活將過得稱心滋潤；而當自然離你而去，人也只能適應調整。

陣陣涼風由帳篷底部透進，潮溼冷空氣席捲讓人瑟瑟發抖，但我相信藉由身體上的修行，是一條通往精神富足的道路，其中也必然伴隨深刻艱苦與孤獨。

16.赫菲斯托斯（Hephaestus），古希臘神話中的火神和匠神。

第八章

九州

Miyakonojo shi → Fukuoka shi
74 hrs / 349 km

昨夜的零星雨勢，在晚風不斷地吹送下，讓人內心忐忑不安。先前曾有多次睡夢中帳篷被雨水浸溼的經歷，所以每當遇到下雨天時，期間總要幾番醒來察看，使得睡眠品質始終處在極差的狀態。南風從公園的溜滑梯底部穿透，三邊藉由石板撐起的九十度直角空間，成為一座非常安穩的庇護所，而帳篷正安置在裡頭。清晨，草地一面出現幾隻烏鴉的身影，步伐或跳或躍，發出「啊呀……啊呀……」的聲音彼此交談。牠們正在爭奪我扔在外頭的二尾馬口魚，昨晚烤魚計畫失敗以後，今天卻成為牠們嘴裡的饗宴，不過能消耗掉被我糟蹋的食物，倒是減輕不少心裡負擔。

火山島

　　從都城向西走上四十公里，便能抵達緊鄰鹿兒島內灣的「霧島」，據說在日本神話時代，這裡地域樣貌彷彿一座飄浮空中煙霧彌漫的海上島嶼，因此成為「霧島」名稱的由來。通往海岸的十號公路上，依序翻過幾座和緩而綿長的上坡，道路兩旁，偶爾是植被濃密的樹林，有時是井然有序的農場及茶園。

　　途經某座茶園時，一輛淺灰色轎車由我身旁擦肩而過，停在不遠的前方。隨著駕駛座門敞開，步出一位穿著淡綠素面襯衣、身掛斜肩背包的大叔。他徑直走向一旁自動販賣機前，買上二罐咖啡遞給了我，他說由後方遠遠看著我辛苦騎行的背影，心中有股莫名的感動。簡單表達對他的感謝之情以後，我們揮手道別，繼續往前走了兩、三公里，於路旁卻再度望見他的身影。

　　「這袋還是熱的，一會兒能夠當作午餐；另一袋是冷的，可以做為明天路上的點心。」他左右手各提一大袋麵包步出便利商店，待我緩緩靠近時，露出微笑向我說道。

　　大叔臉上的笑容誠懇熱忱，凌亂的髮絲在微風吹動下顯得格外樸實。雖然一路上收到不少來自陌生人的行動支持，但如同這般貼心行徑卻是第一次，讓內心的激動之情久久不能平復。九州旅途艱辛漫長，倘若沒

有沿路收到的鼓勵，堅持下去將變得更加困難。其實能夠順利完成整趟環日旅行，很大程度並非透過自己的力量實踐，更多是取決於整個過程當中，所有遇見的人共同堆砌而成的夢想。最後，隨著步伐旅行意義也因此鮮明，那不再屬於一個人的尋覓，反倒更像是一群人的奮鬥。

大約傍晚，進入鹿兒島洋灣以後，遠方海面依稀浮現出山嶽輪廓。薄雲遮蔽住山尖稜線，腰盤的綠蔭卻分外清明，眼前的島嶼有個美豔的名字，人們稱之為「櫻島」。櫻島做為鹿兒島的精神象徵，坐落在市區東方外海的四公里處，是世界上少數活火山之一，最高海拔「御岳」達一千一百一十七公尺。櫻島最近一次發生在大正年間的大噴發，火山塵土掩埋了東岸的海峽，從此與大隅半島的陸地接壤。

前往鹿兒島市區的海岸公路車道狹窄，車子流量大加上貨車眾多，騎行過程不免膽戰心驚。左側幾公尺落差的海水面上，有時探出一群洄游而過的海豚，靈活躍現的泳姿，彷彿不遠千里捎上南國熱切的問候。

由於市區緊挨著櫻島，火山不時會釋放出大量的灰質塵土，再隨著風勢飄散進入市街，因此當地政府設有專門發放給一般民眾的「克灰袋」，將蒐集起來的塵土再放到附近的指定地點回收，用以降低對生活品質的影響。隔天早晨當我打開帳篷時，外側也被一層灰土所覆蓋，鹿兒島雖然擁有海上火山的奇景，但生活中卻也充滿自然的挑戰。

維新三傑

流淌整座鹿兒島市的「甲突川」，沿岸兩側散落許多雕像與石碑。漫步其間，能夠品讀出隱藏這座城市的歷史，以及日本近代發展經歷的風霜。位於川岸公園不遠處，有一座「市立維新資料館」，裡頭主要展出有關日本維新時期，當地薩摩藩主進行西化改革的重要過程，包含西鄉隆盛、大久保利通……等人對日本維新作出的具體貢獻。

十九世紀日本明治維新運動展開，正式推動日本近現代發展進程，當時無論是面對國內保守派勢力，或者面臨外國強權挑戰問題，都讓一場

政治改革經歷著許多撕裂與紛爭。主導維新運動的三位領導人物，木戶孝允、大久保利通、西鄉隆盛，其中「西鄉隆盛」與「大久保利通」二人，皆是出自現今的鹿兒島地區。

前者長期投身於倒幕運動中，在明治維新成功以後，支持對外侵略的擴張政策，也因為堅持征韓論而遭受世人反對，最終辭職回到鹿兒島。返鄉後的西鄉隆盛，不僅著手興辦屬於私塾性質的軍事學校，而後展開對抗明治政府的軍事行動，史稱西南戰爭。大久保利通則被譽為日本明治維新第一政治家，又號稱「東洋俾斯麥」，以其改革力度與追求發展的長遠目光，帶領日本迅速躋身列強之中。

兩人分別以「敬天愛人」與「為政清明」二句座右銘，概括了他們所呈現的性格差異。「天命」是西鄉隆盛重視且深愛的辭彙，他認為人各有天命，應當從而行之。因此人首要應以敬天為目的，若能天命自知便能接物愛人，所以西鄉隆盛一生所言所行，無不圍繞著天命為準則。

大久保利通尤其重視為政者的「清明」，據說當年為了推動日本近代化的改革發展，不惜財由己出，始終將國家與民族憂患擺放在前，因此身後也積欠下不少的債務。如今，維新運動給日本所帶來了巨大轉變，可謂沒有明治維新、便沒有今日的日本，而日本人以「情的西鄉、理的大久保」來比喻二者，更多是表達對兩人在日本近代發展過程中無私奉獻的緬懷。

經歷一夜大雨，地墊與睡袋都溼透了，雨水挾帶著火山塵土落下，讓地面泥濘不堪。幾個鐘頭擦拭完畢以後，時間已經接近正午，我迅速朝往西北方向的三二八號國道前進，希望能夠在入夜以前抵達「薩摩町」。

這條路線必須穿越層層山巒，坡道最大傾角高達13%，甚至許多路段都是依靠著步行完成，過程十分艱辛，除了登上山峰時收穫的開闊遠景，途間也受到不少路人的熱情幫助。有專程提供零食的路過大哥，也有自駕出遊的年邁夫妻，都是因為感受台灣人的友善和熱情，因此願意提供相應幫忙，出發沒有多久，前方車籃裡便裝滿路人贈予的各式點心。

翻越過「入來峠」，左後方是標高六百七十七公尺的「八重山」，

而右前方是四百二十二公尺的「鷹ノ子岳」，公路從兩座山頭中間而過，將山脈區隔開來，成為兩側山巒景色的分嶺。

　　大約傍晚五點，抵達山峰環繞的盆地村莊「薩摩町」，面積微小的町村內，流過一條河道寬廣的「川內川」，將村子平均劃為南北兩側，房舍依傍河岸整齊矗立，而東邊則是占地遼闊的農田。細雨在我彎過最後一道下坡趨於和緩，後方依然是薄霧彌漫的山頭，而田園裡充滿著一股香氣，散發出飽含溼潤的大地清新。

　　自從離開宇佐以後，至今已有七天沒有洗澡，每天反覆經歷著風吹雨打的日子，模樣自然十分狼狽。或許停留在這座小山村裡，是期待給自己找到一個值得住宿的理由。跨過市區東面的「宮之城橋」，沿著田邊道路騎行一‧五公里，就能到達「ちくりん溫泉」。

　　町村規模微小，幾乎沒有發展觀光產業，所以遊客足跡相當罕見。當溫泉旅館老闆娘看見外國騎行者上門時，不免朝我投以好奇的目光，而裡頭標準洋房一宿三千日圓的價格，反倒更加令我感到驚喜。因此，晚間便決定投宿於這座靜謐的溫泉旅館中，享受一場天然溫泉洗滌的盛會，聽聞外頭河渠中流水與蟲鳴。歷經這趟旅程以後，我似乎對溫泉產生深深的依戀，不光沉浸於那種疲憊的放鬆狀態，更是對日本溫泉文化充滿著好奇心。

奇妙的溫泉文化

　　日本溫泉文化似乎隱藏諸多究極之道。譬如，為何日本人洗溫泉時，頭上總要放上一條毛巾？或者，當浸泡完溫泉以後，為何又要喝冰牛奶？以及喝牛奶時，通常擺出一手叉腰的姿勢？這些獨特的細節裡，彷彿具有許多值得探究的有趣故事。

　　當日本人浸泡溫泉時，習慣於頭頂擺放溼毛巾，其實主要目的是降低熱水造成體溫升高及血管擴張。用以避免溫度過高進而產生不適，因此毛巾必須浸過冷水，才能具體達到預防與散熱效果。

而日本所有的溫泉浴場裡，幾乎都能看見人工或自動販賣機身影，其中冰牛奶更成為販售商品的標準配備，似乎日本人洗完溫泉以後，一定要搭配一罐冰牛奶。據說，這是延續自明治時期慢慢出現的習慣。當時日本乳業正進入蓬勃發展階段，腦筋動得快的商人，為了能有效推廣更多牛乳銷量，因此將罐裝牛乳引進各地溫泉旅館。這種浸泡完溫泉喝冰牛奶的方式，卻意外地廣受好評，從此以後牛奶便成為溫泉浴場裡如影隨形的夥伴。

　　至於，從各類動漫作品當中，不難發現喝牛奶時一手扠腰的人物形象。其實日本牛奶罐多數為圓形大口徑設計，飲用時則必須採取四十五度角挺胸仰頭姿勢，為了維持這個姿勢，人的重心自然呈現後仰，因此扠腰不僅更能保持平衡，也讓整體畫面感變得更為協調。

　　藉由這些日常現象裡的有趣觀察，似乎不僅增進對溫泉文化的進一步理解，彷彿也豐富了生活經驗，讓旅途額外增加了幾分樂趣。

　　也許因為離開柔軟的床墊太久，以至於躺臥旅館床舖時，竟然出現徹夜失眠的情況。當清晨山谷間迴盪著清脆的鳥鳴，聲音從霧面玻璃窗穿透進來，我又再次起身前往溫泉浴場，享受獨自一人的晨浴。夜晚浸浴能夠消除一天疲勞，而清晨入浴則使人神清氣爽，帶著這股朝氣，我又重新回到山谷間的小徑上。

墓地一宿

　　道別薩摩町以後，翻越一座比一座更高的山峰，九州大地磨砌出掌心厚實的繭子，步伐跨過大和土地方寸之間。我細細感受著隱藏於喘息裡的躁動，也感受踏足自然的雀躍之情，我走在無人之境的山林裡，盡情展露內心的野性，細細聆聽來自曠野的聲音。

　　下午走出蜿蜒的山巒公路，緊鄰八代海岸地勢依舊高低起伏，雨勢伴隨海風逐漸增強，剛剛路過鹿兒島縣與熊本縣交界處「袋」時，很快遇上來自「水俁」警察署的巡邏盤查。

路過的巡邏員警警笛鳴放，示意讓我把自行車停駐路旁接受盤查。一名警官步出警車，由口袋裡掏出一本「巡查英語常用字典」，緊接著鉅細靡遺地翻檢所有的行李與裝備。包含證件、刀具、槍砲、毒品也都仔細盤問一遍。也許我狼狽模樣不免讓人懷疑是偷渡客，不過就算極力進行偽裝，我倒感覺自己更像是一名流浪者。順利完成檢查以後，臨走前巡查部長特意遞上一張名片，並且仔細囑咐我夜晚騎行時需要特別小心。另外，還附贈一張熊本熊貼紙，以及一條斜肩反光背帶，看到這份特別的禮物，感動情緒也融入了熊本熊憨厚的笑容裡。

　　晚間，順著三號國道抵達位於海岸的「蘆北町」，而尋找營地過程並不順利，整座町村來回行走就是二條大街，反覆環繞多次仍然沒有找到一處遮蔽物。最後，頂著細雨摸黑繞過市區一角的「佐敷城跡」，來到山頭另外一側的薩摩街道口處，才發現一座傍山的涼亭。

　　涼亭深處，有塊巨大的花崗石碑，上頭寫有「戰歿慰靈碑」幾個大字，斑駁字跡在黑夜裡更顯蒼涼。雖然涼亭緊鄰墓地旁，但相比石碑帶來的恐懼，我更擔心半夜雨勢漸強的威脅，因此後來仍然選擇在墓地旁紮營。面臨生存問題時，首先考量眼前的狀況，其次才是拓展至內心道德與信仰層面，這似乎是人的一種本能。畢竟對我而言，當時沒有比確保置身乾燥的睡眠環境更為深切的期盼了。

　　隔天翻越「鬼ヶ城山」的三號公路上，難得遇見其他同路的騎行者，是位身形高大魁梧的西方面孔，腳上穿著一雙「匡威牌」帆布鞋，姑且稱他為「匡威」。來自挪威的匡威，二天前剛從鹿兒島出發，準備以七週時間騎行到東京。當他從我身後下坡追趕上來時，彼此心裡不免一陣高興，因為騎行路上能夠巧遇其他同行者，機會實在難得。

　　「嗨！你從哪裡來？騎多長時間了？」他緩緩靠近以後，熱情地朝我問道。

　　「台灣！大約十週左右，將近六千公里了吧！」我說。

　　「哇！準備在日本環行一圈嗎？」他看著我的自行車，接著再問。

　　「是啊，從熊本回到東京，旅行也就完成了。」當我如此回答以

後，他的表情似乎有些難以置信，並且露出幾分狐疑的表情。而其中原因，自然是來自我所騎乘的這輛菜籃車了。

我們並肩駛出山區，一路沿著十四號縣道前進，依序經過「八代市」、「冰川町」，最後抵達「宇城」。

下午在某間便利商店停留休息時，看見他從商店裡拿著礦泉水出來，我於是好奇問他：「你為什麼不喝生水呢？日本自來水可以生飲的。」

而他回答：「自來水生飲需要非常專業的城市過濾技術，比起花錢買水的費用，我反倒更擔心自己因為生飲而拉肚子，因此仍然習慣購買礦泉水。」

其實，我剛到日本也對生飲自來水感到有所疑慮，一方面並不習慣打開水龍頭直接飲用，另方面也擔心因此而拉肚子。先前還為此與子杰特地上網研究有關日本自來水的生飲問題，其中有段分享令人印象特別深刻。

「有個外國人來到日本生活，對於自來水生飲問題始終很猶豫。因為日本政府對於城市過濾技術深感自豪，因此總是鼓勵國民直接飲用。於是，某天他便將這個問題詢問他的日本室友，而日本室友也回答說：『當然是可以直接飲用的。』所以，從此以後他便漸漸習慣生飲自來水。直到某天，外國人撞見日本室友從外頭回來時，手裡卻提著兩桶礦泉水，於是好奇問說：『日本自來水不是可以直接喝嗎？為何你還浪費錢去買水呢？』只見日本室友尷尬地回答：『正常說是可以直接喝的，只是我們一般不會這麼做，但是自來水能夠生飲是件值得誇耀的事情，所以當你問我的時候，我一定會跟你這麼說啊！』」

雖然這段故事真實性難以考究，不過基於實踐出真知的道理，這兩個半月從北到南的旅程，我幾乎喝遍日本全國各地所有自來水。基本上能夠確定日本自來水是能夠直接生飲，而且並不會使人拉肚子的。這不僅給騎行帶來極大便利性，光從喝水這件事情來說，也足以省下一筆不小的開銷。

雖然匡威聽了分享以後，仍然沒有採納我的建議，不過看著他的高

公園露營地。

匡威騎行的背影。

級單車，想必也不在乎那些小小花費吧。匡威因為剛剛上路不久，所以體能調配仍然有些混亂，以至於騎行速度非常緩慢。幾次當我回頭時，都望不見他的蹤影，最終我們果然在抵達熊本之前走散。原以為兩個多月以來，終於出現能夠一塊兒騎行的同伴，終究還是只剩我獨自一人在熊本街頭遊蕩。

福岡？博多？

　　二天前我在薩摩町時，透過訊息知道強颱「蘭恩」不久將會直撲日本，原以為能夠及時趕往福岡躲避，但暴風移動速度卻比想像來得快上許多。熊本停留一宿，半夜裡驟起猛烈風雨。我將帳篷搭在市區高橋公園綠地裡，隔著一條馬路是熊本稻荷神社。坐落神社後方山丘頂上，便是熊本城。

　　凌晨四點鐘，帳篷在睡夢裡被強風掀翻，倉皇中迅速將迎風面的二端鋁桿抓緊，生怕抵擋不住風雨撕扯而全盤瓦解。由於風勢實在強勁，紮營地點又是四方袒露的高台，導致想要躲藏卻又無法逃避的窘境。我起身端坐在帳篷中，以背部抵著迎風一面，將雙手朝往兩邊伸展，想盡量擴大身體的受力面積。姿勢維持將近一個鐘頭，清晨抵擋不住疲倦感與未曾停歇的風雨，最後索性將防水層敞開來降低風阻，自己則蜷縮進睡袋裡稍作休息。

　　三個小時以後，天色已經明亮，喚醒我的並非夢想，而是席捲全身的陣陣寒意。雖然除去外帳防護使得風壓降低不少，但裡頭卻因此滿覆積水，睡墊及睡袋吸附雨水以後沉重扎實，彷彿一塊沉甸石磚，將我硬是鑲嵌進地面的岩縫中。

　　雨勢大約在九點鐘稍微停息，而強風依然持續著，能夠清晰聽見颱掠樹林的嘶鳴聲。雖然刻苦捱過幾個鐘頭的暴風摧殘，但當我回頭檢查帳篷一刻，卻發現有幾節鋁桿支架，因為抵擋不住強大壓力而嚴重變形。想起前年在沙漠遭遇沙塵暴時，這頂帳篷依舊安然無恙地堅持下來，現在卻

被強颱蘭恩如此蹂躪，實在難以想像其中的驚人威力。

　　大約午後，我才狼狽地收拾行李出發上路，從熊本西側緊臨海灣的金峰山沿岸，一路北上前往「筑後」地區。由於尚未離開颱風外圍環流影響，因此天氣變化異常詭譎，偶爾陽光從厚實雲層裡探出，有時卻忽然大雨滂沱，逆風前進導致多次必須下車徒步，強勁風勢使得行於平地宛如上坡。一灣之隔的長崎縣，山巒似乎也於狂風中凌亂，雲霧縹緲了它的影子，只有大海全然呈現恆久的穩定。

　　當晚在筑後廣域公園裡度過漫漫長夜，公園管理員也考量颱風因素而特許我在裡面露營。當旋風穿梭於成排樟樹間來回掃蕩，路旁燈杆也無法承受衝擊而搖晃閃爍。一夜風雨過後，隔日清晨終於完全遠離暴風圈，陽光總算坦然露臉，大地再度展露應有的生氣。

　　從筑後地區前往「福岡」僅有六十公里，大約半天時間便能到達。雖然即將順利返回北九州，但眼前立刻得面臨簽證到期的問題。從八月八號抵達日本開始，至今觀光免簽期限也只剩下十三天，無論如何以二週時間，從九州騎回東京的想法似乎不太現實，所以計畫抵達福岡以後，從博多港搭乘國際渡輪出境去往韓國「釜山」。

　　福岡的夜晚十分特別，位在市區中央的「昭和通」一直到「中洲」地區，沿途設有不少流動居酒屋或類似小吃店的路邊攤販，在日語裡稱作「屋台」。福岡聚集了將近全國一半數量的屋台，主要集中在中洲、長濱、天神三個地區，其實這樣的街邊小吃相當於夜市概念，非常具有當地的博多特色。這在講究城市秩序的日本來說，更是尤其獨特的景觀。據說屋台文化的形成，早於江戶時代開始，起初為滿足以男性顧客為主的外食需求，因此提供各種便捷的握壽司、蕎麥麵、炸天婦羅等料理。後來，隨著屋台成為一種地方文化特色，料理內容逐漸出現黑輪、烤串燒……等等複雜性食物，也從傳統地方飲食文化，躍升成為具有國際觀光的發展特色。

　　福岡地區有個眾所周知的別稱，名為「博多」，兩個名字出現的頻率相當，往往讓人分不清這座城市究竟是福岡或者博多。早在四百年前福

岡建城時，當地掌管福岡地區的筑前國初代藩主「黑田長政」，希望能夠為此地帶來福氣，所以將城名取為「福岡城」。

　　福岡地區自古做為重要的政治、經濟中心，地方蓬勃發展聚集許多居民與商家，逐漸成為頗具規模的城下町。另一方面，在福岡城東邊有早期與中國、朝鮮貿易頻繁的商業街道「博多」，當時的福岡與博多兩者分別做為不同地區來稱呼。進入明治時代以降，福岡究竟該以「福岡市」還是「博多市」命名就曾引起一連串爭議，最後在地方議會的協調下，才決定以「福岡」做為該城市的正式名稱。但由於博多在全國名氣遠播，所以至今才會呈現一座城市、二個名稱的特殊情況。

　　中洲運河沿岸的屋台氣氛熱絡，空氣裡彌漫一股食物香氣，在色彩斑斕的燈光照映下，燦爛著福岡夜晚的輝煌繁華。福岡不僅做為最早接觸大陸文化的地方，更是九州地區的文化發源地，即便歷經幾百年來時光流逝、朝代更迭，依然是座矗立海灣迷人的不夜城。

　　隔天，擔心受到蘭恩颱風影響行程船班，因此特地設定鬧鐘，準備在國際售票處開門前提早過去排隊。然而抵達博多港時，並未出現如想像中的預期人潮，平日船班倒是略顯空蕩，輕鬆便買上一張前往釜山的船票。

　　從福岡往來釜山共有三家輪船公司提供服務，而我選擇搭乘其中一家慢船公司，由博多港開到釜山航程大約六小時，而快船則僅需一半時間。行程畢竟沒有時間壓力，自然選擇票價最為便宜的慢船搭乘。慢船單程費用是九千日圓，而我使用尚未過期的國際學生證，因此來回八折票價一共是一萬四千四百日圓。額外加上自行車運輸費及兩地港口稅，一共僅需一萬五千九百日圓，便順利完成日、韓兩國往返的交通。

　　中午十二點，渡輪由博多國際碼頭出發，三層式船艙空間，裡頭設施一應俱全。小商店、電玩室、展望台風呂、卡啦OK包廂，讓搭船成為一趟非常享受的過程。晚間六點渡輪駛進釜山港以後，整個出、入境過程也十分順利，不僅海關安檢、行李檢查手續迅速便捷，甚至行李中所攜帶的瓦斯罐、刀具也無任何問題，使得第一次體驗搭船出國的滋味，立馬讓人愛上這種簡單的移動方式。

（上）福岡屋台。
（下）東萊鼓舞。

韓國意外之旅

　　步出韓國海關大廳，一旁燈箱上映出「青春就是一次絢爛的旅行，身無分文亦可信步走天涯」的觀光宣傳標語，似乎成為了我當下生活的註解。每當人們提起漫遊、旅行時，總認為需要穩定的經濟條件支持，或者伴隨一筆非常龐大的開銷。然而當真正有意義的旅程展開，最終不免發覺原先存在的顧慮、疑惑、徬徨，多半是些杞人憂天的想法。

　　旅行的意義從來不在於消費、購物這類物質形式上，也並非走過多少個國家，又或者走了多遠的距離。我所理解的旅行，意味著一種對當下生活的把握，藉由環境轉換去認識自我的文化偏見與思想局限。這些過程從來不需耗費一分一毫費用，卻是認識生活真實性的重要依據。如果人生就是一趟絢爛旅行，有人選擇深刻地走完全程，而有人選擇就地徘徊，我想評斷一場人生是否值得的標準，似乎並不在那些社會所給予的成功定義，而是過程裡自己究竟經歷了什麼、又理解了什麼。

　　抵達韓國第一晚，各方面出現暫時難以調適的反差。例如在日本習慣左行以後，於韓國街道總是下意識逆向；還有對於行駛車輛並不會禮讓自行車及行人，頓時感覺街道充滿著意外危險。另外包括天黑以後不自主打開自行車燈、對散發異味的巷弄感到詫異、廁所內沒有衛生紙及免治馬桶……等等。其中最難習慣的是，每當購物時總要經歷一串複雜的貨幣轉換過程。

　　因為迄今為止，整趟旅行皆以日圓記帳，物價評估也以日圓為主，而新台幣的作用則是幫助衡量商品價值。所以如今在韓國購物時，形成一種韓圓換算日圓，日圓再轉換為新台幣的繁雜過程。晚間，將帳篷紮在釜山市區某座公園裡，夜晚氣溫降得很低，穿上羽絨外套及長褲以後，裹在睡袋裡依然感覺十分寒冷。想必經過一週以後回到日本，冬天騎行條件應當變得更加嚴峻。

　　隔日清晨，一位大叔不斷從帳篷外側用力拍打，手段粗魯大聲喝斥，似乎十分不滿地質問我為何在此搭營。我被那粗魯的舉動驚醒，隨後

連忙收拾行李迅速離開。打從一開始他的驅趕行為，到後來站在遠處緊盯整個收拾過程，甚至當我進入公廁時，他也尾隨在後監視著一舉一動，整個經過不免令人對他的態度深感厭惡。

待行李一切整理完畢，準備離去時突然發現昨晚停在一旁的自行車，上頭車鎖鎖住鑰匙卻不翼而飛。這件事情使我非常納悶，過去兩個月在日本養成自行車從未上鎖的習慣，而現在自行車卻上了鎖，不知是被惡整還是其他情況，只好從行李翻找出唯一的備份鑰匙，最後才得以順利離開。

這趟旅程將近三個月在野外露營，這個特殊經驗讓人深刻體會做為遊民的感受。遇過幾次驅趕，也遇過別人的冷眼旁觀，我明白這些於自己身上發生的遭遇，與真正遊民相比自然微不足道，但這些體驗卻讓人內心難以承受。人們可以因為你的穿著打扮，來決定他們對待你的態度、做為衡量你品格的標準，甚至直接給予人生成功或失敗的評判。也因為一路公園露宿，接觸到不少真正的遊民，自己並沒有資格及能力去評價他們的人生，但能夠理解社會上這部分群體，正以非常艱苦的方式活著，並且是最大程度降低對旁人的影響生活。

或許成為城市遊民的原因很多，因為患病、天生外貌畸缺、精神異常，以及更多不知名原因而成為遊民者。但具體接觸、融入這樣的生活模式以後，必須承認處在流浪的生活狀態，需要承受極大來自社會的精神壓力，而這種壓力直白理解就是人們冷漠的態度與眼神。

城市本身並不具備一種包容性，狹隘生活空間讓人們始終處在緊張狀態，氾濫人潮湧進相對不足的空間裡，你的逾越某種程度就是對我的侵犯。當人與人彼此呈現緊張的零和關係，又怎能允許這類「不事生產者」在社會中生存？藉由這趟旅程的體驗才逐漸明白，所謂遊民群體都需付出巨大努力，才能換來一點點自己的生存空間。同時，我們似乎也沒有必要討論個別現實情況種種，才決定是否賦予他們對應的尊重，如果流浪生活是無奈的結果，那麼良善尊重則是人們的必然態度。或許在生存面前，人類社會能夠存在更多包容及理解，而非批評、指責與冷漠。

由於在韓國第一晚便被驅趕，因此後來果斷上網預訂接續四天的青年旅舍。前天從福岡過來時，在碼頭僅交換一些韓圜，所以首要任務便是前往銀行兌換現鈔。

　　跑了幾家銀行臨櫃效率皆十分緩慢，而且外國人換匯手續複雜麻煩，於是決定離開銀行，前往中央區西側的上海街尋找黑市兌換。深覺外國商業活動果然還是華人靠譜一些，剛步入唐人街口馬上就出現多家黑市，換錢過程不僅迅速便捷，而且省去不少繁雜的過程。由於一時尚未適應韓國的幣值大小，導致一口氣兌換將近三十萬韓圜，這對僅僅停留三、四天的我來說，無疑是綽綽有餘。

　　完成首要目標以後，最近碰巧正值釜山城市文化節活動。位在中區北面的龍頭山公園裡，有週末固定的傳統文化展演。午後在龍頭山頂上，偶遇欣賞一場釜山本地的東萊舞蹈演出，透過七彩服裳演藝的傳統鼓舞，換上純白服飾模擬鶴舞撲凌，不僅獨具釜山特殊的文化風采，也藉此逐漸消解前日遭遇的內心陰影。

　　傍晚走訪釜山塔、國際市場，再前往西區的甘川洞文化村與札嘎其市場，一場意外的釜山之旅，彷彿開啟環日騎行的度假模式。透過日、韓兩國的文化反差，也讓人更加深刻回憶起過去兩個月的日本遊歷。

第九章

中國

Fukuoka shi → Okayama shi
91 hrs / 438 km

一連在釜山停留六天時間，滋潤的生活使精神逐漸產生懈怠，倘若物質條件獲得了基本滿足，那麼選擇逃避刻苦的精神追求即是必然。兩者於我身上流露出許多相互違背的呈現，一面是對安穩秩序的渴望，一面卻又迫切企求眼前的變動。我的生存的確經常處在一種矛盾的狀態之中，往往刻意作出安排的痕跡，是因為內心尚未達到能夠凌駕現實層面之上的超逸坦然。反而居處理想面前時，態度經常表現得搖擺徘徊。

　　每當在路上，我將腳步放緩面對世界的破局，腦海裡總能浮現一幅自己勾勒的美好景象，有時這種不夠明晰的省察，也會帶來一種不切實際的抒發。縱然選擇逃離或冷漠，那種暗黑的幻影仍然化作鬼魂一般於頭頂盤繞，似乎離不開這種自我憂擾，所以依然蜷居在迷濛的懷想裡。有時候偶然產生什麼意義從腦海閃過，甫一浮現卻又立刻消失，意義也因此失去了，我還沒有進行深切地思考，但念頭彷彿一陣冷風驟然掠過，而我依然再度逆風前行。

　　獨自一人坐在廣安里沙灘上，質地柔軟的黃褐色細沙，上頭踏滿凌亂人潮的足印。洋面是橫跨海灣的廣安大橋，隨著日暮消逝逐漸亮起零星燈火，每到十月份釜山最具代表性的國際盛典，是一年一度世界級的釜山煙火節。

　　整整一個小時施放八萬枚煙花，搭配華麗燈光效果及音樂，絢爛著整片釜山夜空，每年總能吸引將近百萬人次前往朝聖。也許從此離開以後，我並不會特別懷念停留釜山的日子，反倒更加期待能夠盡快返程，日本的土地已經使我感覺熟悉，而自己的精神應當也屬於那裡。

　　從釜山返回博多的渡輪上，相比來程人潮要多出幾倍，大部分是特地去往釜山觀賞煙火的日本遊客，將二等通舖擠得水洩不通。釜山發出的船班航程，於晚間七點開始辦理登船手續，出境後在船艙仍需等待三個鐘頭，直至十點三十分才正式出港。單趟航程依然維持六個小時，但是由於兩邊港口等待時間，以及早晨七點日本海關上班才能陸續下船，因此等待入境日本的過程要久上許多。

　　抵達博多港，在海關處受到較為仔細的盤查，主要因為先前滯留天數

長，加上兩次出、入境時間相距又短，所以海關人員詳細詢問了其中的原因。經我告知環日騎行及簽證因素以後，便也很快獲得通行。過關時，盤查的海關人員回過身來，熱情地朝我喊出一句「ファイト！」（fight），我想這就是日本總給人感覺溫暖的原因吧。

　　或許這也可以理解為當我獨自旅行時，內心往往處在孤獨而封閉的狀態，面對外界任何一點善意及溫暖，都將視為彌足珍貴之物。這種感受燃起我對人性的信心，雖然每當面對個體時，我總認為人性本質裡閃耀著切實的光明，但當形成集體社會狀態，卻又無處不充斥令人厭惡的糜爛。我們一方面抵抗群體，在主流文化下追求個性即是如此；另一方面卻又無法忍受孤寂，並且將之視作一種不健康的心理發展，人的真實生存狀態似乎就是不斷處於這樣的躁動徬徨。

第三度爆胎

　　再度踏足日本國土，涼冷天氣儼然成為一種常態，白天大約維持在十七、十八度左右，到了夜晚氣溫還得再下降四、五度。路上行人紛紛換上秋裝，我也從行李中拿出羽絨外套。寒冷使北國圍繞一股濃濃秋意，秋天是萬物生命薄稀的喘息，如果要覺察生命的興衰姿態，唯一方式就是走進秋日的自然裡。

　　從福岡沿著三號國道前進，位在九州最北端的「門司」地區，隔著關門海峽對望就是「下關」。現在藉由橫跨兩端的「關門大橋」，連接起九州與中國地區，關門海峽海底設有一條專供行人使用的海底隧道，全長七百八十公尺，能夠步行穿梭在門司與下關之間。

　　關門海峽早在十二世紀時，做為源平合戰關鍵戰事之一「壇之浦」戰役的發生地，從此躍上歷史舞台。日本平安時代末期「源氏」與「平氏」兩大武士家族，在經歷壇之浦戰役以後，平氏家族幾乎被源氏家族所滅。傳說當時年僅八歲的安德天皇，挾帶著日本三神器投水自盡，其中「八咫鏡」及「八阪瓊曲玉」被源氏士兵撈起，而「天叢雲劍」至今仍然

下落不明。[17]從此以後，源氏成為日本第一的武士集團，源賴朝成為鎌倉幕府第一任征夷大將軍，也是日本幕府制度建立者，為後來鎌倉幕府奠定下堅實基礎。

位於壇之浦北面猶如龍宮造型的「赤間神宮」，是祭祀安德天皇的重要神社，迄今超過八百年歷史。神宮裡散落安德天皇及平家一門陵墓遺址，另外位在福岡縣中部的「久留米市」，境內有座久留米水天宮，裡頭供奉著安德天皇主祭神。該神宮與其生母「建禮門院」一同被各地的水天宮祭祀，也成為日本的水神與安產之神。

關門海峽的意義，不僅早從數百年前開始進入歷史視野，到了近代發展依然具有重要地位。下關同時是甲午戰爭以後，一八九五年清、日兩國簽訂《馬關條約》之處，當年中國清朝的使節團來到日本下關，隨即在「春帆樓」展開為期二十九天的「日清講和會議」。

清廷代表大臣李鴻章與日本首相伊藤博文，在此簽下史上著名的《馬關條約》，不僅確立朝鮮王朝的獨立關係，也將遼東半島、台灣、澎湖群島之所有權割讓予日本。而當年簽訂馬關條約的場地，則完整保留重現於現在神宮南端的「日清講和紀念館」中。

天空並未掛上任何雲彩，那樣的藍天十分純粹，微微涼風含著海水鹽味，從右側海岸撲面而來。在我離開下關前往「防府」的路途，始終隨著零星山勢上下起伏，有時能夠遠眺海洋，偶爾再度彎進山林，但整體而言並沒有艱難的陡坡。

走過橫跨椹野川的周防大橋，後輪突然再度爆胎，當時地處荒野之境，兩旁皆是一望無際的光禿田園。收割後的荒地露出貧瘠草根，枯萎的綠芽緊貼著黃土砂礫，我的身影攤在陽光下顯得沉重乾涸，但眼前這幅荒涼景象，比起春後的草原更加諂媚了我的內心。

我推著車繼續步行二十公里，才在晚間抵達防府市。從北海道至今經歷過三次爆胎，幾千公里長途跋涉這也是必然之事，不過三個月內僅僅

17.鄭清茂譯注：《平家物語》，卷第十一，洪範書店，二〇一四。

（上）關門大橋。
（下）關門海底隧道。

碰上三次爆胎狀況，內心多少還是能夠坦然接受的。接近市區國道路旁，就有一間高級自行車專賣店，慶幸花上一千八百日圓補胎以後，自行車依然能夠繼續前進。在防府的夜晚，冬日寒氣凜冽薄情。半夜我緊縮在睡袋裡，打開手機一查竟然只剩七度，寒冷使雙手失去應有的靈活，手機也承受不住低溫而頻頻關機。

我在冬日懷念起夏季的炎熱，在炎夏中又思念冬季的寒爽，一年在四季裡不斷重複期待著，生活就是如此的單純模樣。帳篷外纖細樹梢承受著厚重月光，光線滲入林蔭下靜謐的影子，那時候我神態自若地沐浴著月色，正被一種絕對的美所包圍，的確這樣的美從未間斷過，只是我們鮮少置身其中體察。

萬能的大田奶奶

走在向東的二號公路上，一路穿越「周南」、「下松」，然後抵達「柳井」。不知翻過幾座山頭，又是在哪段上坡以後，我遇見了柴田小姐。她站在路旁某間便利商店門前，遠遠便朝著我的方向招手，待自行車緩慢靠近以後，才從身後遞出一個裝有飯糰、麵包、運動飲料的袋子。

她說，從大老遠就看見我的背影，以及背影後方那面豎著的關東旗，因此特地停下車來，送上一些飲料及零食打氣。我原先計畫當天由岩德山線直接前往岩國，倘若路程順利的話，更遠一些甚至能夠抵達廣島，而柴田小姐聽了騎行計畫之後，向我提出前往她家中作客的邀請。柴田小姐與她的阿姨大田奶奶住在山口縣南端的「柳井市」，從大河內過去約有二十五公里，由於方向及路線大致相同，並且屬於一次十分難得的體驗，因此欣然接受柴田小姐的提議，傍晚以後約在柳井碰面。

大田奶奶的住處位在柳井傍山一側的鄉間，道路兩旁是莊稼收割後的遼闊田野，屋子構造為一座傳統日式建築，左邊有塊面積狹長的樹林，據柴田小姐介紹，這幢房屋至今已有百年以上的歷史。

從最外側的低矮白牆進入，牆面後方是一座日式庭園及草坪，五重

燈籠、石橋、池泉構成的和風園林，處處充滿意境的巧思。一旁樹林草叢因夜風而騷動著，踏入木造建築裡，行走時地板總是發出「喀嗞……喀嗞……」的聲響，與屋外明亮的月夜相互呼應。打開一扇又一扇拉門，是榻榻米層層堆疊的四方空間，當中蘊含尤其深厚的傳統韻味。待我洗漱完畢時，壽司、飯菜、味噌湯早已擺放桌前，我們三人圍坐，談論著今天偶然相遇與旅行經歷。

大田奶奶現年已經八十一歲了，但她的生活依舊豐富多彩，不僅喜歡釣魚、相撲，也對日本傳統舞蹈及體操甚感興趣。近期在柴田小姐的鼓勵支持下，已經自學英語一年多時間。當我們晚間一同就餐時，奶奶手邊擺放著一本英語教材，她不斷嘗試透過英語詢問我許多問題，關於年齡、家庭、生活經歷……等等。她的這股學習熱情與活力，不免讓人感到深深佩服。而柴田小姐自然也是喜歡旅行之人，曾經於國外生活過一段時間，因此英語十分流利。或許正是彼此性格裡有些相近之處，所以成為她邀請我來家中作客的原因。

餐後，隨她們的帶領下步上二樓，將我安頓在一個朝南的房間裡。窗外對應著和風庭園，房內擺放兩把木椅及一張木桌，十分簡潔。睡前大田奶奶幫我鋪上一層又一層地褥，再從儲藏間裡拿出一條條厚重毛毯，並且重複確認床舖是否足夠保暖時，嘴裡一面不停唸叨晚上會很寒冷的叮嚀。

其實我與柴田小姐早已認為床舖足夠保暖，卻又感覺奶奶忙進忙出的模樣十分可愛，於是兩人只好默默待在一旁，看著奶奶一人匆忙的樣子。我與柴田小姐說道：「平時在外露營只有一只夏季睡袋，這麼多層毛毯可是要睡到出汗哩！」而她雖然也感覺被褥足夠，但依然細心囑咐著「你可千萬別著涼呢！」

旅行在外竟也受到如此無微不至的照顧，頓時感覺自己彷彿成了她們真正的家人，雖然唐突打擾一宿隔天就得道別，但我想有些情誼將會就此一輩子埋藏心底。

四、五層的地褥非常柔軟，而房子周遭寧靜到沒有絲毫聲息，和室房間彌漫一股濃郁的草香，自己的呼吸及心跳聲是如此猛烈。雖然各方條

件都有利於睡眠，但我依然失眠了，失眠的原因是連月來刻苦露營窩睡袋，純粹一時無法習慣床舖的舒適，所以幾次住進旅館或別人家裡，躺臥軟墊則必定面臨失眠之苦。

　　早晨的陽光從窗櫺左側斜射進來，在半排窗簾的遮掩下，光影將和室切成兩角，一半通亮、一半幽暗。起身透過窗牖探出頭去，一樓庭園相比昨晚顯得更加明晰，石籠上斑駁的紋理，池泉上漂浮的秋葉，皆於陽光的照映下無所遁形。

　　低矮的白牆外側，是一小塊狹長菜園，菜園裡栽植一棵柿子樹，剛剛度過飽滿的秋季，果實零星懸掛著。視線跨越田園後方的樹林，更遠處是薄霧隱蔽的赤子山輪廓，我從二樓房間望去，彷彿與遠方的山巒一般高，將整片山谷平原盡收眼底。

　　鄉村早晨的空氣格外沁涼清新，在窗台下方木椅端坐一會兒，隱約聽見一樓廚房裡傳出聲響。當我走下樓時，柴田小姐與奶奶早已坐在飯堂等我用餐，更加精確來說，其實是等我起床立刻端上熱騰的早飯。飯間，又繼續前夜的雜談，奶奶說待會兒吃過早飯以後，她有許多東西想讓我瞧瞧，而坐在一旁的柴田小姐露出神秘笑容，自然使我更加滿心期待。

　　餐後我倆跟隨奶奶移步客廳，她拉開皮革沙發後方的扇門，從儲藏間裡拿出一幅又一幅畫作，「一、二、三、四……八、九、十。」我嘴裡數著，一面讚嘆竟有如此多幅作品。柴田小姐介紹道，這些畫作全是奶奶一個人的作品集，繪畫方式包含水彩到素描，內容既有靜物也有寫景，地點從青森山林到合掌村雪景，每幅都讓人充滿驚豔，也更加佩服奶奶充實的生活態度。

　　而後，奶奶繼續領著我們前往屋子後方的果園，果園面積不大，但整齊栽種將近十棵枝枒繁盛的柿子樹。柴田小姐補充說道，這片瓜果菜園全部都由奶奶獨自一人打理，她也弄不明白奶奶究竟為何能有如此豐沛的精力。大田奶奶看著我說：「你想不想嘗嘗這裡的柿子啊？」心裡當然是想嘗一嘗了，只不過剩存的柿子大多高掛樹的頂端，我不知要如何摘著。

　　奶奶從一旁找來一支長竿，尾端處有個像是剪子的東西，接著「喀

（上）與大田奶奶。
（下）大田奶奶的作品。

嚓」一聲，就將樹梢上的柿子給剪了下來。起先我以為柿子會直接掉落地面，於是傻愣地站在樹下，準備接住掉落的柿子，怎知那竿剪子收割以後，便連同柿子一併夾住，而我的行徑自然於旁人眼裡顯得十分傻氣。

參觀完畫作，採收完柿子，奶奶接續帶領我們朝往屋子西側的廂房走去。拉開障子，跨上二層台階，眼前更是一個充滿日本傳統的藝術空間。幾座紅布覆蓋的七階祭壇上，擺滿各式各樣的雛人形[18]，四方牆面則是掛滿各類手工剪紙及彩繪。而這些精緻作品，材料採用回收的牛奶盒與貝殼，也全是藉由奶奶的一雙手，利用閒暇之餘自己手工製作。由於物品琳瑯滿目，沒有辦法仔細逐一端詳，但大致通覽以後，實在無法相信眼前這位樸素的長者，竟然有這般豐富的手藝與精神，並且如此用心經營細膩而充滿美感的生活。

雖然許多邁入從心之年的長者，走過漫長的歲月積累，但於我而言，更多是在二十五歲以前心理年齡便已沉沉死去。不再對生活揣懷夢想、不再對未來持有期待，甚至最為基本的生活熱情也消逝殆盡。而大田奶奶正好恰恰相反，從她身上隨處散發著青春氣質與活力，還有呈現出一個豐富高雅的靈魂。我以為一個人是否足夠有趣，或者能否給人產生強烈的吸引，關鍵在於認真對待生活的態度，以及對世界是否懷抱深刻的探索欲望與熱情。

她的生活方式已然超脫我所經歷及理解範疇，倘若自己能夠稱作生活的追逐者，那麼她必然是生活的藝術家，她一生中究竟活出了多少人期待的樣子，最終這個問題於我心底久久迴盪。

接近上午十點，陽光明媚溫煦和暢，遠方的薄霧完全消散，山脈輪廓更顯清晰。這次的偶然相遇感受過分溫暖，使得離別一刻帶著厚重的感傷，心情始終難以平復，而我深切期待著有機會能夠再次相見。回憶起旅行之初，與子杰漫步東京荒川河畔的交談，也許如同當時他所認為的那般，友情必然是要參與一段對方人生以後，才有足夠基礎支撐所謂的朋友關係。那時我無法苟同，不過現在想法或許已經出現轉變，甚至完全同意他所給出的定義及理由，人與人之間的情感，更多是在彼此心底留下一種羈絆的感覺吧。

嚴島神社、凶籤、小偷

　　從柳井出發，一路沿著山陽海線行駛五個鐘頭，大約在下午四點抵達宮島。由宮島碼頭搭乘十分鐘的渡船，就能前往位在外海的「嚴島神社」。嚴島神社修築於瀨戶內海的潮間帶上，和宮城縣的松島及京都府的天橋立並稱日本三景。

　　神社前方矗立海中的大型鳥居，高度達十六公尺，隨著每天四次潮汐作用，鳥居底部時而完全袒露，時而沉入海裡。建造鳥居的木材經過特別挑選，漲潮時水面底部採用不易腐爛的楠木，而上端據說為了增加固定效果，將重達七噸的石塊塞入鳥木裡，藉以提高重量避免遭遇海浪或颱風的衝擊。

　　位在中央正殿裡，祭奉著日本傳說中的三位海洋女神「市杵島姬命、田心姬命、湍津姬命」，現在的正殿是日本戰國時代中國地方大名「毛利元就」所改建。由於嚴島神社位處海濱，容易遭受海浪與颱風直接影響，為了使正殿起到保護作用，最外側平舞台地面木板僅僅擺放於支柱上端，每當強烈海潮沖擊之時，木板就會逐波漂浮，產生巧妙的防護效果。

　　嚴島神社的發展歷史也幾經波折，早於一一四六年平清盛擔任安藝守官以後，嚴島神社就成為平氏家族祭拜的寺廟，隨著平氏權勢的增長，遠自京都的皇親貴族也到此祭拜，並且積極引入當時流行的平安文化。進入戰國時代，因為政局不穩定導致嚴島神社曾經荒廢一時，直到一五五五年「毛利元就」在嚴島戰役勝利後，將嚴島神社收歸於自己支配，神社也在毛利元就庇護下，再度展現昔日的風光面貌。隨後，進入安土桃山時代，「豐臣秀吉」為供養征戰九州時戰亡的官兵，於一五八七年下令「安國寺惠瓊」在寺廟旁建造大經堂，即為現在俗稱的「千疊閣」，千疊閣在秀吉死時尚未完工，並且一直保持未完工的狀態直至今天。

18.每年三月三日是日本的「雛祭」，又稱女兒節，有贈送人形玩偶的習俗。「雛人形」傳統主要有兩種目的：一是具有以人偶驅邪的民俗、二是做為宮廷貴族女孩子的節日遊戲。

嚴島神社與寺廟後方彌山的原始林區，在一九九六年登錄為世界文化及自然遺產項目，整座神社與外海、後山寺廟群，占全島面積約14%左右。嚴島神社的大部分建築結構亦被日本政府列為國寶，神社中也收藏著許多國寶級的文物。如今世界各地前來神社的香客絡繹不絕，嚴島神社儼然成為日本最重要的觀光景點之一。

下午沿著緋紅色迴廊進入神社裡頭參拜，廊道一側吊掛為數不少的鑄鐵燈籠。乾潮時，神社底部露出一椿椿立於石塊的楠木，木頭上端黏附著泥沙與貝類。遠方大鳥居下有許多晃動的人影，皆是趁著退潮之際趕往鳥居親臨感受它的壯闊，我漫步於迴廊間，倒是被這股神聖莊嚴所吸引。

神社正殿前方有幾筒籤盒，此前一路參拜過的神社不少，但心中從未揚起求籤的想法。主要自己並無深刻的信仰基礎，因此求籤不免淪於好奇玩樂之舉，硬是求籤也有失對信仰的崇敬。但當我停留於嚴島神社時，內心卻燃起求籤的念頭，也許是出自對嚴島神社深刻的喜愛，突然想在正殿前求得一支神籤。

求籤之際，雖然心無旁念，但內心卻也不曉得具體求些什麼，或許對目前現況並無任何不滿意、不順心之處，因此僅憑搖晃任籤支自然落下。依著籤號去到籤箱取籤，仔細一瞧竟然是支凶籤，內容大致要人安分守己，倘若不去羨慕別人的工作，因此也能相安無事。不過，另外比較值得一提的事情，後段籤意要我特別注意盜竊之事發生，雖然小偷這事兒在我旅行裡從未遇過，但是始終依然特別小心。後來於神社裡徘徊閒蕩，心中對於此事仍舊無法忘懷，總覺嚴島神社氛圍如此莊嚴，不免讓人產生莫名的敬意。

帶著不安心緒，再度漫步走出神社大門，準備去牽停在路旁的自行車時，結果發現車邊散落一地垃圾與果皮。我放在車籃裡裝有大田奶奶贈送的三顆柿子，前天超市買的二粒蘋果，以及一大包上午路人所送的柑橘，全被神社外頭的野鹿吃個精光，還留下一堆果皮殘骸待我收拾。當下突然驚覺，剛才神社裡求得的神籤實在靈驗，立馬果然發生盜難之事，一不小心就被這群模樣可愛的「小偷」給得逞，只是面對外表如此討喜的小

（上）嚴島神社。
（下）嚴島神社大鳥居。

偷們，我也只能摸摸鼻子自認倒楣了。

晚間，特意留在宮島上紮營，營地位在大鳥居旁的堤岸邊上，能夠眺望夜裡燈光照映下的鳥居。滿潮以後的鳥居，完整浮於海面之上，在夜幕為背景的襯托下，更顯得神聖空靈。它的美統括了所有和諧與矛盾，使我不知道美的究竟是鳥居本身，抑或包含這種虛無的本質；那海潮間的騷動、那水面上的投影、那繁星與明月點綴的夜空，任何一部分都隱含著美的細節。我聽聞點燃燈燭的神社在吟唱著，鳥居的幻影比真實更能觸及，它的身影在水光下搖蕩，堅固形態多了一份優柔姿態。眼前的嚴島神社，毫無疑問將令我永生難以忘懷。

Miyuki與Masato

隔日恰逢大願寺不動明王大祭，想好好地觀看一次寺院盛大祭典，所以在島上多停留一宿。大祭於午後一時開始，於是上午前去攀登神社後方的彌山，彌山為一片植被茂密的原始叢林，海拔最高處達五百三十五公尺，是宮島的最高峰，自古即被視為山岳信仰的靈山崇拜。

登山步道沿途經過大聖院、瀧宮神社、仁王門、大日堂……等等多所寺院，東側步道還會穿過以賞楓聞名的紅葉谷公園。往返登頂大約需要四個小時，而我腳程稍快，因此上午十點上山，下午一點前便順利返回大願寺。雖然一面爬山一面不停埋怨自己的行徑，明明能夠偷閒休息卻還是選擇前去爬山，但登山步道人煙稀少，漫天紅楓最終仍然讓人感覺不虛此行。

下午由宮島碼頭搭乘渡輪離開，繼續展開下半天的騎行旅程，約莫朝東走了三十公里，在傍晚時分抵達「廣島」。

廣島位於遼闊的太田川三角洲上，市區整體規劃井然有序，街道寬敞潔淨，也屬西日本地區最大的城市。早從一五八九年安土桃山時代地方大名「毛利輝元」修築廣島城，便開啟了廣島地方的蓬勃發展。經由城南通跨越中廣大橋與空鞘橋二座橋樑，左側依稀浮現有「鯉城」之稱的廣島

城，位於城郭南邊一公里河岸旁，是人類歷史上第一顆原子彈爆炸遺址——「原爆圓頂屋」。

一九一五年竣工的圓頂屋，曾經做為具有展銷、商業諮詢、美術展、博覽會功能的文化機關，後來逐漸演變成為商品陳列所及地方政府辦事處。到了一九四五年，二次世界大戰進入白熱化狀態，美軍轟炸機於場館東南方投下原子彈，造成當時廣島陷入一片火海，境內建築物多半燃燒毀損。而圓頂館內的所有人員也全部當場死亡，日本在原子彈投下九天後宣布投降，戰爭因此宣告結束。

戰爭結束以後，廣島市民對於這座原子彈爆炸遺址的去留問題，曾經出現二種不同想法。一是做為戰爭紀念物進行保存；二是認為遺址具有坍塌危險，並且會引起人們對戰爭的恐懼回憶，所以應當予以拆除。最後，經過幾番波折及討論，一九六六年廣島市議會決議對遺址展開保存工作，更在一九九六年圓頂遺址做為人類歷史上首次使用核武器造成的慘重傷亡，通過世界文化遺產項目認定，旨在呼籲世人廢除核武器與世界和平的重要意涵。

整座城市經歷這段特殊歷史以後，也因此發展出明確的城市定位。在一九四九年當地頒布了「廣島和平紀念都市建設法」，其中便將廣島打造成實現永久和平理想象徵的紀念都市[19]。基於該條法律安排，廣島並非簡單地決定重建城市樣貌，而是期待塑造出一座和平城市的形象，也是世界歷史頭一次出現憑藉全體市民力量，共同完成實踐和平目標的努力工作。

夕陽餘暉從原爆館一側的河岸落下，光影映向圓頂遺址更加突顯蒼涼，斑駁的牆面、殘缺的瓦房，藉由戰爭不僅讓人看見城市的毀滅，也感受到人類堅實生命的頑強。

入夜以後，來到廣島城西邊祇園新道的水堀畔紮營，從曇空滲出的月光稀落纏繞著天守閣，河面浮現出廣島城的倒影。夜裡天守閣的美豔竟是如此倨傲不恭，而我無力抗拒內心迎來的悸動。十一月份氣候已然邁入初

19.《広島平和記念都市建設法》：「第1条　この法律は、恒久の平和を誠実に実現しようとする理想の象徴として、広島市を平和記念都市として建設することを目的とする。」

冬，夜晚睡眠品質正在不斷下降，因為半夜裡寒氣沁肌，整個人蜷縮在睡袋裡醒來時必定要渾身痠痛。而另外面對更大的問題是，手機與行動電源的電力經常因為溫度過低而無法正常運行，僅能揣在懷中維持電池溫度。

清晨當我拉開帳篷簾幕，發現水堀沿岸滿布楓紅。坐落側方的廣島城在晨曦照耀下，被賦予了宏偉的秩序，一時宛若置身仙境。我想正因為身體經歷的苦楚，使得廣島城形象變得更加鮮明強烈，憑藉這股力量，我的存在被矗立於光線中的天守所包容。

從廣島接續沿著國道二號前進，二天時間經過「尾道」、「福山」、「倉敷」最後抵達「岡山」，再往東走便屬於關西地區。在岡山的路途上，遇見兩位徒步的日本人——Miyuki與Masato。當時他們各自揹著一個色彩斑斕的拼布背包，由我的前方緩慢走來。

走在馬路一側的Masato肩上，扛著一面寫有「日本縱斷」的大旗，給人感覺自然是個特別的旅行者。我們停下腳步簡單打過招呼以後得知，他們四十一天前開始一路從札幌步行至岡山。在Masato介紹下，兩人一天平均走上五十公里左右，而我拚了命地踩自行車，一天也不過百來公里，頓時不得不對他們的毅力感到深深佩服。此時一旁的Miyuki補充說道，每天幾乎由白天走到深夜，才能在短短一個半月裡走完將近一千五百公里路程，相形之下，我騎著自行車環日似乎也不算什麼難事了。

我們很快地寒暄問候，隨即又匆匆道別。我想每個旅人都有自己追尋意義的方式與途徑，但總能在相互見面的剎那間，迅速分辨出對方與自己是否同屬一類人。雖然我們的旅程有所差異，但彼此心底清楚明白，都是嚮往透過旅行帶來一種內心的寧靜。隨著旅行經驗增長、接觸對象增多，有時甚至不需過多的言語交流，很快也能理解對方的想法、行徑。

所謂物以類聚、人以群分，雖然不過是偶然的萍水相逢，但熱愛旅行之人終歸帶有鮮明的特質，於他們身上恣意揮灑，是詩意譜出的歲月年華、是酒肉盈滿的故事韶光。而他們兩人的出現，使我明確感受到這條道路並不孤單，因為有許多的旅行者，此刻正以自己的方式實踐著其中意義。

第十章

關西

Okayama shi → Tokyo shi
144 hrs / 687 km

道路兩旁的銀杏黃了髮梢，山林間的楓樹也褪了綠意，受到日光照映顯出炙熱的紅火，我看著那燃燒的生命而深深激動。從岡山沿著國道二號騎行，朝東一天時間就能抵達「姬路」，當我進入姬路市區時，手機與行動電源的電力幾乎耗竭，於是前往附近的麥當勞補充整整一晚的電源。

　　從晚間六點直至深夜，才從即將打烊的麥當勞離開。城山附近水氣非常豐厚，霧氣於行李防水罩上凝結出一層水露，步出大門時，迎面襲來的寒意使我直打哆嗦，羽絨外套裡的絨毛似乎已抵擋不住冬日寒氣。走在夜裡的市區街道，僅存橡膠車胎從柏油路面碾壓而過的膠黏聲，聲響迴盪在城市的荒涼裡，就連路燈微弱的光線中都透著孤獨。

　　跨越姬路川上的夢前橋後，再往東走六公里就是「姬路城」，姬路城與熊本城、松本城被稱作「日本三大名城」，又因其純白漆色的城郭外牆，孤傲聳立於市區高處，優美姿態彷彿一隻翱翔的白鷺，所以也被稱為「白鷺城」。

姬路城

　　日本的古城因其所處地形而被分為「山城」、「平城」和「平山城」三類。「山城」指的是利用山地的起伏而建造的城堡，「平城」是指建造在平地上的城堡，而「平山城」則是利用山地及其周邊平地建造的城樓，姬路城就是一座依山而建的「平山城」。[20]姬路城本身不僅具有悠久歷史意義，更是日本近代城郭代表，始於一三四六年日本南北朝時代，由當時守護大名「赤松貞範」所建造。

　　後來隨著授命於「織田信長」進行中國地方戰事的「羽柴秀吉」入主，姬路城逐漸演變成地方軍事中心，並且在後續幾次大規模城池擴建下，名稱也由原先的「姬山城」，轉變為現今眾所熟知的「姬路城」。

　　姬路城在一九九三年通過世界文化遺產認定，成為日本第一個登錄的世界文化遺產項目，從市區裡遠遠便能望見雪白閃耀的天守閣，在夜晚白熾燈光投射下，更加突顯它的尊貴高雅。原先計畫在城下的姬路公園露

營，但當我抵達時，才發現一旁竟與市立動物園緊鄰，考慮到隔天早晨流動人潮與安全因素，因此便也作罷。凌晨一點鐘於街道徘徊，在電車姬路站與東姬路之間來回遊蕩，最後才在車站附近公園綠地裡，找到一處靜謐角落紮營。

我將帳篷立在葉片紅得透火的櫸木樹下，彷彿想藉由感染它熟成色度，驅散入冬以來逐日降低的氣溫。連日以來即便能夠堅苦熬過漫漫長夜，但每到清晨時分，卻又是體溫最低的時刻，整體睡眠品質便一路呈現下滑狀態。待早晨陽光探出頭來，帳篷上端凝結的水氣被蒸散，溫度回升才能真正貪睡一會兒，作息也因此隨著氣溫而調適，我無能為力擺脫自然的主宰。

接近正午，才是我真正起來展開活動的時間，坐落於姬路城東北方一角，分別是市立美術館與兵庫縣歷史博物館，其中歷史博物館具有非常高的觀覽價值。博物館大堂內，左側擺放一座姬路城木造模型，城池模型將各部建築透過比例縮放完整呈現面前，精巧細緻。

館內從兵庫縣歷史、城下町文化、生活器具……等等面向，都有豐富展覽介紹，也收藏珍貴的淡路人形，以及姬路本地的傳統文化收藏品。另外獨特之處，是能夠親身體驗穿著十二單[21]宮廷服和大鎧裝，由於服飾本身穿著過程繁雜，所以鮮少能有機會實際體驗，而博物館每天免費提供三次的著裝服務，也成為兵庫歷史博物館的重點特色之一。

孫文紀念館

離開姬路城，下午路途意外輕鬆，起先沿著山陽道東行，抵達明石以後轉往與鐵道並行的海岸。明石海峽大多是由礁石構成的堤岸，沿線則是繁華的街區，橫跨海峽連接舞子與淡路島兩端，則是具有世界跨距最大

20.《文史參考》，二○一一年，第七期。
21.五衣唐衣裳，又名十二單，是日本平安時代傳統宮廷服飾最為正式的一種。從裡到外由唐衣、表著、打衣、五衣、單衣、長袴、裳……所構成。因為穿著程序繁雜，意義莊重，所以舉辦宮廷儀式、繼位大典、結婚大典，都會成為宮中皇族與貴族女子穿著的傳統禮服。

橋樑之稱的「明石海峽大橋」。海面上憑藉兩座橋墩支撐起的懸索吊橋，總長度將近四公里，從遠處眺望景象蔚為壯觀。

大橋一旁的舞子公園內，有間外觀呈現六角形狀的「孫文紀念館」，成立於一九八四年，是日本唯一表彰紀念革命家孫中山的公共設施。建築物前身為一處私人別莊，別莊主人是早年神戶當地著名華商吳錦堂，過去他積極支持孫中山當年在中國的革命運動，也曾擔任過同盟會神戶支部部長。到了一九八三年兵庫縣才正式由神戶華僑總會手中，接過別莊的管理經營權，隔年則正式以紀念館的面貌向公共展示。

晚間進入神戶市區以後，街道錯綜市容繁華不免讓人迷了路，來回步行在中央區三宮前兩側人行道上，沉醉於久違的熱鬧並細細感受著港都風采。雖然神戶屬於日本近代化發展最早的地區之一，並且早在奈良時代就成為重要的貿易據點，但如今城市氛圍依然充滿著活力朝氣。

鄰近港灣邊上，管狀紅色鏤空的神戶塔，在夜裡綻放出神戶獨特鮮明的氣質；由舊居留地、中華街，再到城區北側有千年歷史的生田神社，包括異國風情濃郁的北野異人館，樣樣突顯出神戶受到西方文化交互作用的影響。開港初期階段，這裡一時躍升為西方文化湧入日本的窗口，許多西式教堂、企業、領事館集中林立，讓神戶變成當時最具國際化的都會區。

而北邊六甲山北麓的有馬溫泉，不僅屬於日本三大古湯，同時亦為日本的三大名泉，從古至今都是享譽內外的度假勝地。一座城市飽含的觀光資源，成為了它永續發展的基礎；一座城市豐富的歷史條件，成就了它深刻的靈魂。我想神戶本身存在的意義，正是因為充分展現文化包容性，才使得它成為一座豐富多元的國際都市。

這個世界會更好嗎？

隔日告別神戶，我在斷斷續續的細雨中前往大阪，這是入冬以來的第一場雨，帶有幾分蕭瑟的氣息。午後騎行在淀川堤防沿岸，是一條將近三十公里的自行車道，幾乎可以由大阪一路通往京都暢行無阻，不需要等

（上）姬路城。
（下）夜宿欅木樹下。

待紅綠燈，也無須注意過往車輛，因此騎行過程格外愜意舒心。

可惜下午天空依舊飄著細雨，倘若晴朗之時，必定是條不可多得的漫遊路線。與京都距離越靠近，文化氣氛越加濃厚，日本觀光產業的發展模式令人佩服，因為文化保存得當適宜，所以即便是小地方、小街道，隨處拈來皆有在地歷史可以述說。

例如途經的「枚方宿」歷史街道，便承載過去江戶時代大阪到京都沿路的「宿驛文化」。從前江戶至京都大約五百公里路程，沿途共有五十三處宿驛的聚居地，在江戶時代著名浮世繪畫師「歌川廣重」的作品「東海道五十三次」裡，便充分描繪出這些宿場的景象。而從東海道延伸至「京街道」的宿場共有五十七個，枚方宿就是其中之一，即便進入現代，依然發展出具有特色的手作市集。畫立淀川旁有間名為「鍵屋」的古老建築物，是從前枚方宿繁榮時期的商業旅館，現在原址保存為「市立枚方宿鍵屋資料館」，用以介紹枚方宿發展的歷史轉變過程。

文化第一、發展第二，以旅遊振興發展、以文化扶持觀光，是這趟旅行對日本旅遊產業最為深刻的體悟。相對而言，我們的生活環境通常總以發展為優先，地方建設往往等同於全面拆除，這種方式對於必須通過歷史沉積才能呈現的城市文化，無疑是無法挽回的破壞。

然而我也無法理解，人們生活中為何需要如此多的商場百貨、房產建案，卻不願意保留一些真正具有城市記憶的文化空間。或許現代化的人們，被資本市場馴化得過度深刻，總是拚命地賺錢工作，然後再拚命地奢侈消費，無限循環在資本運作的泥淖當中。

我們所處在的社會制度，有幾點問題是值得共同深思的，例如隨著生產力獲得解放，人們日益取得足夠的生活水準，而商品生產過程轉變為低成本、高效率的發展模式，所帶來影響便是毫無節制的資源浪費。資本社會展現的荒謬邏輯，使個人無限擴張內心的貪婪欲望，將市場經濟做為衡量整體發展的唯一指標，讓人們不停盲目地追尋高增長、高消費的生活。

但我們所處在的世界，並非一個資源無止境的空間，從個人欲望擴張，到社會集體意識形態形成，必定是要建立在對自然的壓迫手段，同時

也是對階級社會的壓榨之上。令人遺憾的是，資訊不對稱導致每個人在壓迫他人之時，自己卻是渾然不察，倘若這是一種人類之惡，那麼似乎無人能夠擺脫這樣的共同責任。

歷史選擇決定目前人類社會發展方向，但這是否意味著一個更加平等的世界，注定成為理想概念裡的烏托邦？我以為制度的優劣明顯得以透過理論及實踐進行比較，唯一需要解決是當中的適應性問題，而適應關鍵因素又在於人的思維本身，因此倘若對人性充滿光明信心，一個更為美好世界的實現，也許終將會是一種必然結果。

金閣寺

整趟環日騎行走遍日本各處，倘若有個令我情感深深留戀的地方，那麼必屬千年古都——「京都」。京都之美不止於它紙醉金迷的繁華，也絕非僅只隱藏神社間的雍容典雅，而是圍繞在整座文化古都裡的沉實內斂。

漫步京都，街道房舍之間一磚一瓦、一樑一柱，積厚的日本精神，抵禦現代發展對傳統文化的吞噬；由古引今、從古疏今，京都無疑具有代表現代城市裡，新舊並生、古今交融的典範。

抵達京都隔日，天色湛藍氣候和煦，我從下京區一路經由二条城、考古資料館，再前往位於上京區的北野天滿宮與金閣寺。上回停留京都時，陰雨不斷以至於沒有機會四處探訪，回程刻意重訪京都，多少是為著金閣寺而來。

金閣寺原名為鹿苑寺，因為牆、柱、勾欄上均貼上一層金箔，於光影的照映下金光璀璨，因此又稱作金閣寺。寺院始於一三九七年，由幕府將軍「足利義滿」所建，後來多次受到祝融威脅，一九五〇年舍利殿遭一名年輕僧人縱火焚毀，直至五年以後才完成重建。

而日本作家三島由紀夫小說《金閣寺》，便是以此為背景發揮了三島美學的極致，誕生一部震撼世界的文學作品。我心中對於金閣寺的遐想，也是寄託於三島的文學之中。這份懷想經由《金閣寺》所揭示，既有

抽象精神世界的描繪，也具人性寫實的把握。這部作品幾乎代表日本文藝美學的巔峰，能夠透過文字對美學進行具體表述者，並且發揮得淋漓盡致，三島由紀夫本身具備了劃時代的意義。

「三島由紀夫是一位藝術至上主義者，也是古典主義者。寄託於他的文學裡面的，是一種破滅的思想……開始面對文學世界的時候，他覺醒於認識之中。此刻，他是一個痛苦的、孤獨的求道者。他的道——『美』，每深入一層，便如同少年每過一次的自瀆，陷入更深一層的痛苦與孤獨。」22

正是因為這種深刻的絕望與孤獨，讓「美」之呈現於三島身上獲得純粹的實踐，透過金閣寺承載抽象到現實的過渡，他的極致與痛苦也獲得矛盾的統一。

存在觀念中對立的兩種意識，實際便是現實的金閣與幻想的金閣的對立，而無法承受這般美的羈絆，以死為生成了終其一生的行動哲學。當我真正來到金閣寺面前，人潮沖散寺院本身的肅穆莊重，但並未沖淡我內心對金閣的崇敬。

金閣在日光下折映出美的結晶，以細緻姿態不留餘地地閃耀著，我彷彿再次看見究竟頂上的鳳凰熊熊燃燒，而鏡湖池裡浮現出模糊殘缺的身影。金閣寺的美真是讓人妒忌，或許它的存在即是一面反射醜陋的鏡子，讓世間萬物於它面前無所遁形。如果我的全部慢慢被金閣寺奪去，也如秋葉隨風離梢那般自然，我不願向金閣寺告別，我想讓它束縛著腦海裡美的定義。

金閣寺以東兩公里，隱身於町弄間有座近百年的錢湯——「船岡溫泉」，是京都西陣頗為知名的古老浴場，也是二〇〇三年日本政府官方登陸的有形文化財。

一九二三年建立的船岡溫泉，早期屬京都文人入浴的場合，直到後來才逐漸進入大眾目光，如今也成為地方上享譽盛名的溫泉。浴場內部依

22.《金閣寺》，三島由紀夫著，鐘肇政、張良澤譯，大地出版社，一九七六年。

（上）京都金閣寺。
（下）鏡池。

然保存濃厚的大正、昭和時代特色，更衣間裡仍然貼滿古老綠紋花磚，牆面刻有葵祭[23]遊行隊伍的木雕，以及天花板上日本天狗傳說的彩繪，構成了船岡溫泉裝潢的一大特色。

逐一將裡頭的傳統泉湯、電氣風呂、檜木泉、露天風呂……等設施全部體驗過後，臨走時外頭天色已經黯淡，我騎乘自行車沿著鴨川南行，再前往位於東邊的青蓮院門跡。寺院正巧舉辦夜間參拜活動，秋楓於燈光映射下，草野燃起遍地繁燈，藍燈明暗間隔閃爍著，點亮宸殿一旁幽暗的草坪。

夜晚的青蓮院門跡，別於晝日間如織遊人，反倒回歸一種能夠觸摸的平凡寧靜。見過金閣寺，親臨秋日裡白天與黑夜的京都，我內心的懷想已不再躁動。

人生必然需要具備意義嗎？

離開京都以後，用了兩天時間繞過琵琶湖南岸，而後再翻越高畑山才抵達「關宿」。關宿地區是過去江戶時代關東、關西之界的劃分處，同時也是東海道五十三次裡的第四十七個宿場町。關宿歷史街道被認定為國家重要傳統建築保存地，也屬日本的百大名街之一，早從江戶時代至明治時代期間，關宿街道所遺留下的商舖多達兩百間以上，至今仍是東海道唯一完整保存的歷史古道。

關宿本身或許因為交通條件不算便利，所以即便通過文化價值認定以後，卻沒有帶來相應的觀光人潮，當地也並未積極推展觀光產業，使得整個地區更為貼近一般居民生活區。倘若漫步其間，能夠藉由百年屋瓦房舍，體察出江戶時代的古風氛圍，亦能對日本傳統建築形式，產生更深一層的觀察理解。

約莫傍晚，才由緊貼山脈一側的關宿，來到位於伊勢灣邊上的「四日市」。路途因為翻山耽誤不少時間，所以未能按照計畫前往名古屋停留，而夜晚氣溫越來越低，臨海城市更是如此，氣候因素加上至今累積三

個月的疲憊感，使得每天過程變得格外艱辛。我並不曉得是即將邁入終點，所以導致精神鬆懈產生的倦怠感，還是一百天騎行已然超出體能負擔，不過回想起曾經以為的身體極限，最終總是依然抱持「再熬一下」的心態而順利堅持。

　　從過去徒步中國境內峻險聞名的虎跳峽、雪山腳下的雨崩村，再到獨自步行穿越庫布齊沙漠，以及摩托車環遊中國，每趟旅程總以為未來將不會出現更艱難的挑戰，但卻永遠走在突破自我的道路上。長期沉浸於單獨旅行，每天進行著收拾帳篷、行李、騎行、野炊、文字記錄……等等所有工作，雖然大多是些重複的過程，卻也完全呈現徹底的自由狀態。

　　有時走在路上，出現自問自答的情況，偶爾也因為眼前美景而熱淚盈眶，彷彿原先生活中熟悉的人、事、物，與我不再產生任何聯繫，做為社會個體的我，無須再向他人負責，亦不用承擔毫無關係的連結，更不用受到繁瑣規範所制約。

　　生活如同動物一般活著，純然地思考、純然地生活。我無法評價這種生活形態，是否具備人們所謂的「意義」，又或者「無意義」本身能夠做為一種「意義」存在？也許我們為著避免陷入某種盲動狀態，而強加賦予對象事物價值，人生過程與活動必然需要具備意義嗎？我對此深深感到茫然。但既然獲得精神絕對滿足，能夠成為一種自身存續的內在動力，那麼人們依循生理及心理本能作出的抉擇，必然隱含著自我圓滿的終極目的，如此一來，人似乎又有活著的理由了。

　　在「豐橋」當天早晨，我的情緒裡帶著某種深深懊悔。前天一路從四日市途經名古屋，然後於晚間抵達豐橋，營地位在市區朝倉川邊上的豐橋公園裡，西北側坐落吉田城與美術館。隔日醒來時，猛然一看竟然已經接近正午，日正當中，北邊樹林裡颼來陣陣河風。我的懊悔與沉思來自貪睡的結果，但究竟為何會產生懊悔之情，自己始終摸不著頭緒。實際早起與晚起並無太大區別，對於騎行也沒有造成任何負擔，既沒有旁人督促，

---

23. 「葵祭」是京都地方的傳統節慶，為京都三大祭之一，祭典中會出現綿延數里的遊行隊伍，又稱作「葵祭隊伍」。

也沒有時間壓力，但依然因為貪睡耽誤行程感到深深自責，自然對此有些詫異。

　　人的遺憾、懊悔、不甘、羞惡……等等各種心理活動，於我心底充滿著疑惑與不解。倘若出於演化機制下，這類帶給個體精神煎熬的內心狀態，應當早就予以汰除，因為這些情緒本身似乎並不具備正向意義，僅僅產生提供下次抉擇的心理依據。而當下我對它作出理解時，才發覺人之情緒的淺薄，不過如同飢餓、寒冷一般的生理需求，並沒有因為趨於精神活動而具有崇高意涵。某些原以為重要或者深切之事物，藉由進一步思考被揭露時，才又顯得如此殘破不堪。世界總是如此殘缺嗎？我想探索一些值得捍衛的真理，所以不斷地感到迷惘，而又不斷上路。我希望遠處將浮現問題的答案，如果依然困惑，那麼就繼續朝往更遠的遠方。

步入終點

　　朝東繞過靠近海畔的潟湖「濱名湖」以後，就是靜岡縣。在靜岡縣境內的「袋井」停留一夜，剛剛整完帳篷瞬間便下起豪雨，我被雨勢逼迫匆匆躲入殘破的帳篷內，一路走來許多裝備也幾乎不堪使用了。在熊本被颱風吹彎的帳篷支架、失去防水功能的外帳、底層磨損破洞的內帳，以及一根用來生火卻幾乎完全刷光的鎂棒，甚至就連睡覺時的充氣睡墊也出現漏氣情況。三個多月的旅程，不僅使我感到疲勞，所有裝備也飽受摧殘。

　　零星雨勢從晚間一直下到隔日上午，我盤坐在帳篷內發呆，將近午後一點才收拾完畢啟程。行駛在水氣豐滿的國道一號山麓，平均體感溫度大約僅有六、七度，但相比低溫帶來的寒冷，反倒是外層淋著雨水、裡層裹著汗水這番滋味更教人痛苦。入冬以來日落時間逐日提前，往往傍晚五點鐘左右，天色也幾乎完全昏暗，導致經常出現夜裡摸黑騎行的情況。

　　我於晚間六點通過最後一座名為「宇津ノ谷」的隧道，緩緩進入靜岡市區，早於平安時代這條古道即是聞名的「蔦之細道」，舊東海道時期

（上）京都清水寺三重塔。
（下）和服少女。

也是「宇津ノ谷峠」山口，直至近代隧道開通以後，公路才逐漸替代原先的古道。

　　天空依然飄著細雨，自從離開京都以後，已有四天未能梳洗，身體感覺有些油垢。先前最長紀錄曾是七天，但既然旅程已經進入尾聲，挑戰這般並不光彩的紀錄似乎也毫無意義，應當稍加善待自己一些。回想過去在北海道時，長達一個月時間在外露宿，即便那時氣溫只有十五度，也毅然決然蜷身於公廁內洗冷水澡。如今回憶起來顯得十分荒謬，但人倘若做出一點突破以後，人生體驗也隨之豁然開朗，往往其中伴隨的意義，就是過去經歷對當下自我的精神，無疑產生一種堅實的支撐作用。

　　遊走在靜岡市區，隱藏駿府城與靜岡神社之間長谷通的巷弄裡，有間外觀古樸的錢湯──「天神湯」，溫泉浴場整體設施十分陳舊，但於我而言卻是尤其美好的風景。打開木造扇門，老式推門因為受力而左右搖晃，踏上一層台階走過前台，裡頭是鋪滿方形地磚的浴場，空間寬敞明亮。這類浴場雖然處處充滿歲月痕跡，也飽含質樸的年代感，卻與生活距離如此貼近，總使人很快便愛上這樣的地方。

　　浴畢，前往隔壁超市用餐時，一位路人見狀趨前搭訕，閒聊後從背包裡拿出一個三明治，說要送我做為明天路上的早餐。當他離開超市大約過了十分鐘，又再次拿著幾袋暖暖包走進來遞給了我，是剛才特地返家取來的，隨後離去時還特別叮嚀天氣寒冷、注意保暖之類的話語。凡是最能撼動人心的溫暖，總是諸如此類的行徑，雖然平凡簡單，卻又彌足真誠。

徒步富士山

　　離開靜岡繼續向東走，以富士山做為最後一段路程的結束，內心自然是滿懷期待。沿著蜿蜒的海岸公路，拐過幾個海岬以後，迎面撞向一座潔白聳立的雪山，便是富士山。日本神聖偉大的精神象徵，完美的山錐、完美的弧形，它優美的輪廓使人燃起崇高敬意。這般崇敬從未帶有一點雜質，像是對待父親的愛，而富士山足以做為日本的集體信仰嗎？我想任何

一位日本人聽見這番話，不僅不會反對，反而會表達深切的認同吧。

感覺富士山帶有一種亙古的永恆，它是幻變世界裡唯一的不變，它彷彿早就存在著了，甚至先於存在本身。永恆的富士山可能存在絲毫瑕疵嗎？我駐足許久想找出一個擊破它的完美的破綻，或許它最大的缺憾，就是來自無缺的完美。

人類世界是不允許存在無瑕的，那會使得審視自我變得毫無意義，因此古人千年以前便嘗試藉由「大成若缺」來給完滿作出解釋；另一個原因，完美將會招致深切地妒忌之情，當我迎面撞向富士山所帶來的震撼時，使我感到無限卑微，它宏偉的姿態安頓了我內心的孤獨，而這種孤獨似乎是對它偉大的褻瀆。

當我未曾見過富士山時，是帶著興奮、且如朝聖般的心態前往觀望；但當富士山於眼前呈現時，我心中的懊悔猶如神奈川沖浪那般洶湧澎湃。或許面對金閣寺的侈麗，能同妒忌將之化作猛然烈火燃燒殆盡，而當對象是富士山時，我僅有順應臣服於它堅毅的靈魂。在日本，還可能找出比富士山更偉大的東西嗎？

抵達富士山下午，朝往富士山方向一路上坡推行，自行車變速線在前天硬生崩斷以後，檔位始終僅能掛在三檔騎行。走在上山公路上，兩旁景致從房舍逐漸變成翠綠茶園，約莫兩個鐘頭，高度大概攀升至五百公尺，此時天色已黯淡無光，卻仍未抵達原先預定的紮營地。

當時平地氣溫大約七度，按海拔提升一百公尺、溫度下降〇‧六度計算，山上溫度大約僅存四度，而我依然穿著短袖運動衫及一件輕羽絨。當陽光完全沉落，明顯能夠感受出山頂積雪的冷空氣正在緩緩沉降，上山的選擇其實是一場賭注，地圖顯示位在山腳有座小公園，但四周是偏僻荒涼的林境，所以買齊食材以後計畫一鼓作氣步行過去，怎料卻越走越顯荒蕪。

我一面繼續推著自行車上山，一面開始猶豫起自己的決定，穿過一片又一片幽暗山林，殘存依稀滲透樹梢的月光做為指引，還有輪前一盞微弱的自行車燈。置身於陌生環境之中，對於黑暗已經鮮少再有恐懼感，但

更加令我顧慮的是，無法確定山林裡是否有大型哺乳動物活動。經過幾番考慮掙扎，總覺得山林裡露營過於冒險，於是帶著強烈的悔恨再度順著原路折返，在晚間九點重新回到市區裡。由於我欠缺思慮的決定，彷彿白白折騰了一個晚上，但我仍舊滿懷欣喜能夠望見富士山，即便能夠待在富士山身旁，心中都充滿深切的歡喜。

原先計畫隔日沿著南邊愛鷹山與箱根山之間的縱谷騎行，不再重複前夜推車上山的窘境，但當早晨拉開帳篷時，一眼望見富士山生命遼闊的綻放，內心再次作出必定要徒步上山的決定。「富士山將成為旅程的巔峰」我心裡這麼想著，它將會完整結束旅程，並且不帶有任何悔憾，富士山是閃耀璀璨光芒的勳章，是自然之美的極致展現。

從山腳展開四個小時步行，走到富士山南麓四六九號國道岔路，才終於抵達盤山公路高點。山上秋楓多半凋零，樹梢露出光禿枝幹，用以等待下次的生命輪迴。背山一側，長滿茂盛芒草，天空格外明朗，唯獨山岳避而不見，一團雲層彷彿石頭一般，遮蔽住後方的富士山峰。

或許見與不見之間，掌握著精巧微妙刻度，富士山既是永恆又代表著剎那的美，而我對此卻並不感覺惋惜，反倒慶幸昨日目睹了富士山無瑕的輪廓。富士之美有時是無法觸及的距離、有時卻又猛然闖進心底，它使我再次學會了等待，以及理解漫長等待的意義。

以自己的方式活著

記得出發之始，與子杰在路上談論到關於旅行所要面臨的幾段內心轉折。我說，首先將會忘卻時間作用，每天生活作息隨著日出日落，沒有倉促凌亂的步伐、沒有匆忙催促的約定，時間已然失去它做為標識的意義，是一種純然活在當下的狀態。而後，是丟失所有人際連結，原先生活環境裡的朋友、同事、家人們，存在於現實層面種種交集、聯繫都將變得薄弱不堪，那種感覺彷彿彼此進入不同時空裡，你知道他們都存在於原先熟悉的環境，卻似乎又毫無任何情感羈絆。

北海道與富士山路景。

我想這並非一種薄情或殘忍，需要淡忘過去生活的連結，擺脫各種規範綑綁與制約，旅行才能呈現出全然的自由態貌。或許走到最後，做為個體的存在也逐漸被消除，不再試圖去主宰、操控、掌握些什麼，僅僅是緩慢地感受自己的呼吸、心跳，還有自然中大地的脈搏、陽光溫度、以及風的色彩。主觀意志幾乎完全瓦解，所有思維、想法、行動、語言，全是為著投身於環境中去觀察及體驗。

　　當旅程進入後半段，我耗費許多精力在克服內心的孤獨感，交流與對話使我充滿深切地渴望，那甚至是以極其殘忍的方式逼迫自己成長。然而渴望本身，或是無法忍受孤寂的軟弱，是由於我們生活中對於社交過度依賴，習慣處在鬧烘烘的人際關係，卻鮮少騰出一點點時間，去真正深刻地認識自己。而我竟無法思索出，任何一項比認識自己更為重要的事情。

　　我深切冀望將內心清澈透淨的一面，毫無保留袒露於陽光及世人面前，好比展現明亮閃爍之星空，遮蔽住無盡的幽暗深淵。但我確認隱藏於心底深處，實際存在某些灰暗陰沉的東西，我不忍去揭露及談論，那麼終將成為一種主觀自覺的封閉。而旅行究竟帶來何種層面的意義？一個僅屬自己的獨處時光，使得內心足以去衝撞、摸索、消解，試圖一點一滴理清所有矛盾本質。

　　它不再是負面的精神狀態，或者不再需要藉由別人的需要而達到自我滿足，孤獨成為客觀事實，如同遠方靜謐永恆的富士山，它的存在無須仰賴他者，自身圓滿成就了終極存在的價值。

　　我背向富士山朝往東方而去，不希望它望見我流淚的眼睛，那種美使我感到極度疲勞，渾身毛孔也因此顫慄。我的體驗大多如同山脈一般層積形成的厚度，現在卻感到空氣裡的偉大正在慢慢凝結，富士山由後方傳來強烈的束縛力量，我的手腳不聽使喚，心想就這樣結束也無所謂的。

　　溼漉的眼眶微微顫抖，淚珠裡包含遠方的晨曦，這時候我清楚地冷靜下來，這一次是真正的道別了。我依賴著富士山，這樣的說法或許奇怪，但是我曾認真思考過，這樣一種依賴關係我無法逃避。我感謝它讓整趟旅程獲得圓滿，就像深切感謝一路上遇見的所有人，總能在我最為疲憊

之時接續出現，給予無條件的支持及鼓勵。我漸漸不再執著於出現的意義，只是靜靜享受這種交流的過程，一種純然熱情與善意，本來便是足以讓人動容的事情。

翻越層層山巒，離開富士山用了四天時間回到東京，皇居前整齊劃一的銀杏樹，枝頭的黃葉比任何時候都更顯得袒裸。三三兩兩的行人恣意遊走在門前廣場上，冷風由濠渠的一端拂向另外一端，天空雲朵柔緩飄蕩，此刻的東京反倒像氣質不凡的女人。

我被那深沉的欲望所觸動，像是驕傲的武士凱旋歸來，我踏著誠實的步伐，肩上背負過去三個月裡走過的榮耀。足跡越發粗獷大方，思緒卻走進拘泥細緻的講究，我能看見於身上形態的清晰轉變，那些矜持、衝動、欲望、克制，在不知走了多少的路程裡，因為生命的躍動而感到欣慰。

不知曾幾何時，自己對於未曾經歷的世界總有深切地懷想，卻又害怕面臨現實殘破景象的失落情緒。存在大腦裡豐厚的想像力，導致難以承受幻想與現實間可能存在的落差。好比北海道的初雪、四國的朝聖之路、南九州的暖陽，以及存在內心無瑕的金閣寺與富士山。我沒有勇氣讓失落具體呈現眼前，卻也沒有能力承受美好的真實，明朗的情感被荒唐想法所約束著，自己的內在與外部不規則地來回交替。

我踏進狂風暴雨，感受大地沉寂，海水與雲空曾在視野裡交融，也曾活在自然的野蠻秩序中。有時我主動尋覓人蹤，偶爾任憑孤獨像座寂寞的沙洲，不管如何，我忠實地面對內心世界。我希望於自己身上，永遠充滿北海道原始生命的活力，也想擁有如同四國遍路一般崇敬心靈，或者像富士山那樣的偉大勇氣，而精神則始終維持著素樸與真誠。

我在路上有過難得的夥伴，見過鄂霍茨克海峽飽滿的夕陽，也曾對核災感到畏縮與恐懼，以及內心裡深深的困惑、迷惘、惶恐與懊悔。但走到最後我心中依然感覺無比驕傲，因為我以自己的方式活著。

國家圖書館出版品預行編目資料

日本一周 / 尤文瀚著 . -- 初版 . -- 臺北市：平
裝本，2018.08
　　面；　公分 . -- (平裝本叢書；第 473 種)
(iCON；51)
ISBN 978-986-96236-7-4(平裝)

1. 旅遊文學 2. 日本

731.9　　　　　　　　　　　　　107012659

平裝本叢書第 473 種
icon 51

日本一周

作　　者—尤文瀚
發 行 人—平雲
出版發行—平裝本出版有限公司
　　　　　台北市敦化北路 120 巷 50 號
　　　　　電話◎ 02-2716-8888
　　　　　郵撥帳號◎ 18999606 號
　　　　　皇冠出版社 (香港) 有限公司
　　　　　香港上環文咸東街 50 號寶恒商業中心
　　　　　23 樓 2301-3 室
　　　　　電話◎ 2529-1778　傳真◎ 2527-0904
總 編 輯—龔橞甄
責任編輯—陳怡蓁
美術設計—嚴昱琳
著作完成日期— 2018 年 4 月
初版一刷日期— 2018 年 8 月

● 皇冠讀樂網：www.crown.com.tw
● 皇冠 Facebook：www.facebook.com/crownbook
● 皇冠 Instagram：www.instagram.com/crownbook1954/
● 小王子的編輯夢：crownbook.pixnet.net/blog